光を追いかけて

映画

光を追いかけて

Official Guide Book

JN081425

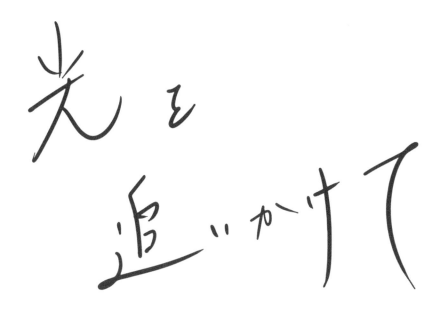

Introduction

金色に輝く田園風景。
ある日突然、謎の光が空に現れる。
東京から秋田に転校してきた
内気な中学生・彰は、
収穫間近の田んぼにできたミステリーサークルで
美少女・真希に出会う。
ミステリーサークルを
二人だけの秘密にするはずだったのだが……。
オトナになることを強いられる彰と、
オトナになることを拒否する真希。
思春期ならではの眩しさ、
焼けるような心の痛みが交錯する青春映画。

目次

Special Interview

監督

成田洋一

故郷を舞台にした初監督作
秋田が持つ今と未来に光をあて
魅力と課題を引き出し伝える

Narita Yoichi

Profile

なりた・よういち◎秋田県秋田市出身。法政大学文学部英文学科卒業。1983年4月、株式会社イメージサイエンス入社。その後ディレクターとなり、主にモーターショー用プロモーションビデオを監督。国内外で多数受賞。1990年、株式会社東洋シネマ入社。企画演出部にてCMを監督。その後フリーになり現在に至る。監督したCMは600本以上。

故郷秋田に光を見出し
映画作品初監督に挑む

——初監督作品ですね。映画を作りたいと思われていましたか。

高校生の頃から、映画監督になりたいと思っていました。映画館になかなか行けない秋田での学生時代は、テレビの映画番組枠を毎週欠かさず観ていました。当時は家庭用の録画機がなく、全部見逃したくない思いで映像の画面をその場でスケッチしていたことをよく覚えています。

——その後、上京されていますね。

法政大学に進んだ決め手は、映画研究会があったことです。勉強の傍ら映画を撮りつつ、4年間を過ごしました。当時の映画愛好家のスタンダードはアンダーグラウンドな実験映画。一方、僕は流行ものが大好きで、服装も髪型も当時の最先端。シティーボーイのアイコン的存在である片岡義男さんが好きで、彼の小説をテーマにした映画も撮りました。映画研究会の先輩からは「成田はチャラチャラしてるな」ってよく言われていました（笑）。

——卒業後はCMの世界に。

その当時、かっこいい職業とされていたコマーシャルディレクターとコピーライターに憧れて、この世界に入りました。僕はミーハーだったんでしょう（笑）。世の中の一番トレンディな部分を、常に追いかけていました。

——今作が誕生したきっかけを教えてください。

ロケ地である秋田の井川町には祖父母の家があります。両親が共働きだったので夏休みや冬休みは、ほぼそこで過ごしていました。映画に出ている景色は、僕の原風景です。5、6年前、井川町に住む叔父が東京に遊びに来た時「俺、UFO見たことあるんだよ」って話し始めたんです。実際、1991年に井川町に緑の光が現れ、翌日にミステリーサークルが出現。週刊誌にも取り上げられるほど話題になりました。その話を聞いた時これを映画にしたら……と思ったんです。かろうじて心の均衡を保っている多感な中学生、そして葛藤を抱える大人たちの前にUFOが現れ、町にミステリーサークルができたら、一体どうなってしまうのだろうという疑問が、僕の興味をか

Special Interview
成田洋一

地方が抱える問題に苦悩する大人と心乱される子ども
あらゆる闇から一筋の光を探し出し希望の物語を編む

きたてました。加えて、井川町のもう一人の叔父から「映画を撮って秋田をどうにか盛り上げてくれ」と15年前から言われていたことも、大きな後押しになりました。

――作品には、地方が抱える問題も詰まっています。

秋田県は自殺率、人口減少率ともにかなり高いです。差し迫る問題を他人事と捉えず、地域や個人で当事者意識を持ち、強い意思と共に行動すれば現状は変わるのに、故郷は危機感を持っている人が少ないと感じ

たんです。「何とかしなければ」、常日頃から抱いていた気持ちを、ストーリーの中に入れました。映画を撮りたい思いを話すと、僕の考えに賛同してくれる人が徐々に集まり、感動しました。思いは強ければ叶う。何をやるにしても、〝思い〟はすごく大事です。

――CM制作と映画制作の違いで、戸惑うことはありましたか。

一番は脚本です。構想に5年かかりました。何度書き直したかわかりません。僕はCMを作る際、かっこよく美しい映像を撮り、人の感情の起伏を描くことを意識しています。でも、長編で大事なのは大きく流れるストーリーです。いくら美しく撮ろうが、緻密に感情を描こうが、全体を流れるストーリーを自然なカタチで、なおかつドラマチックに作り上げないと観客にはついてきてもらえないのです。さらにどう終わらせるかがとても重要です。そこに苦しみました。クランクイン直前まで、光のないトンネルに入ってましたね。

――キャスティングはどのように行いましたか。

秋田出身の柳葉敏郎さんと生駒里奈さんは、重要な役どころとしてお願いしました。要となる子どもたちは、映画の設定と同じ中学2年生にこだわったところ、候補に挙がったのが10人。中川翼君、長澤樹さん、中島セナさん、この3人は写真でセレクトして、芝居を見ることなく、会っただけで決めました。CMのオーディションでこれまで何万人も見てきたので、写真のイメージでピンときたんです。まさに運命の出会いです。

――演技指導で一番力を入れたことは何ですか。

秋田弁です。絶対に譲れないと思ったので、秋田の人が見ても違和感のないよう、役者さんには、完璧に仕上げてもらいました。僕自ら、秋田弁の指導を徹底して行いました。

――秋田だけでなく全国の地方にも刺さる作品だと感じました。

単純にいい映画を作りたかったんです。今までCMで積んだキャリアや人生で感じてきたものを含め、今の成田洋一を120%出しきった映画にしたかったんです。当然、秋田名物のきりたんぽやババヘラアイスが示すように秋田色は出しています

が、僕の全てを露わにしたい思いが強かったと思います。それに、井川町の町長から「町で撮影してくれるのは凄くありがたい。でも町を全面にPRしてもらわなくてもいい。世界と勝負できる映画にしてほしい」と言われたんです。とても嬉しかったし「望むところだ」と思いました。

──UFOやミステリーサークルがシンボリックに描かれています。

作中のUFOは、あくまでモチーフでしかありません。僕自身にも言えることですが、人間は常に光を追

いかけていると思うんです。そして自分が光となることで周りを照らすことができます。今作の光は単にUFOが放つ光ではなく、痛みや闇の先にある「光」です。UFOは映像として出てきません。僕は、絶対に映したくなかったんです。言いたいことは、未確認飛行物体そのものではありませんから。

──地方の現実が浮き彫りになった作品だと感じました。

僕は、秋田の方々にプライドを持ってもらいたいんです。地方には、東京が一番という信仰が蔓延っています。でも改めて、秋田は素晴らしい場所だと声を大にして言いたいんです。地元では当たり前とされている環境が、県外の人から見ると魅力的なもので溢れています。まず、人が優しくて包容力があります。そして空が広く、のびのびとした気持ちのいい景色に癒やされます。中川君と長澤さんが田園を走るシーンを撮影中「カット!」って言っても、2人はずっと走っていました。撮影終了後、木村聖哉君は「秋田から離れたくない」と泣いていました。彼らがむやみやたらに走ったり、秋田から

光を追いかけ自らが光となりいつか誰かを照らす
今を生きる人たちへ送る普遍的な心の創成ムービー
まだ知られていない秋田の素晴らしさに目を向けて

帰りたくないと思うこと。これこそが秋田のいいところだと思うんです。

――秋田出身で在住されている柳葉さんとはどのようなやりとりを。

柳葉さんも故郷の危機について、僕と同じ考えを持たれていました。映画が完成してまず予告編を見せた後、10秒ほど沈黙が続きました。「秋田だな……。」と何度か呟かれてましたが、その目は少し潤んでいるように見えました。秋田への思いが共有できる映画ができたと感じ、とても嬉しかったです。

――映画を楽しみにしている方にメッセージをお願いします。

青春映画でもなく、SFでもない。ジャンル分けが難しい映画になったと思います。でもそこが一番の強みです。秋田の皆さんには、秋田の素晴らしさに、今一度気が付いていただきたいと思います。そして生きていれば誰もが、あらゆる問題を抱え、不安や悩みに苛まれます。しかし、悩みがあるからこそ光があります。皆さんそれぞれの光を追いかけてもらい、自身が光となり、その光で誰かを照らしてもらいたいです。まさに、この映画のタイトルのように。

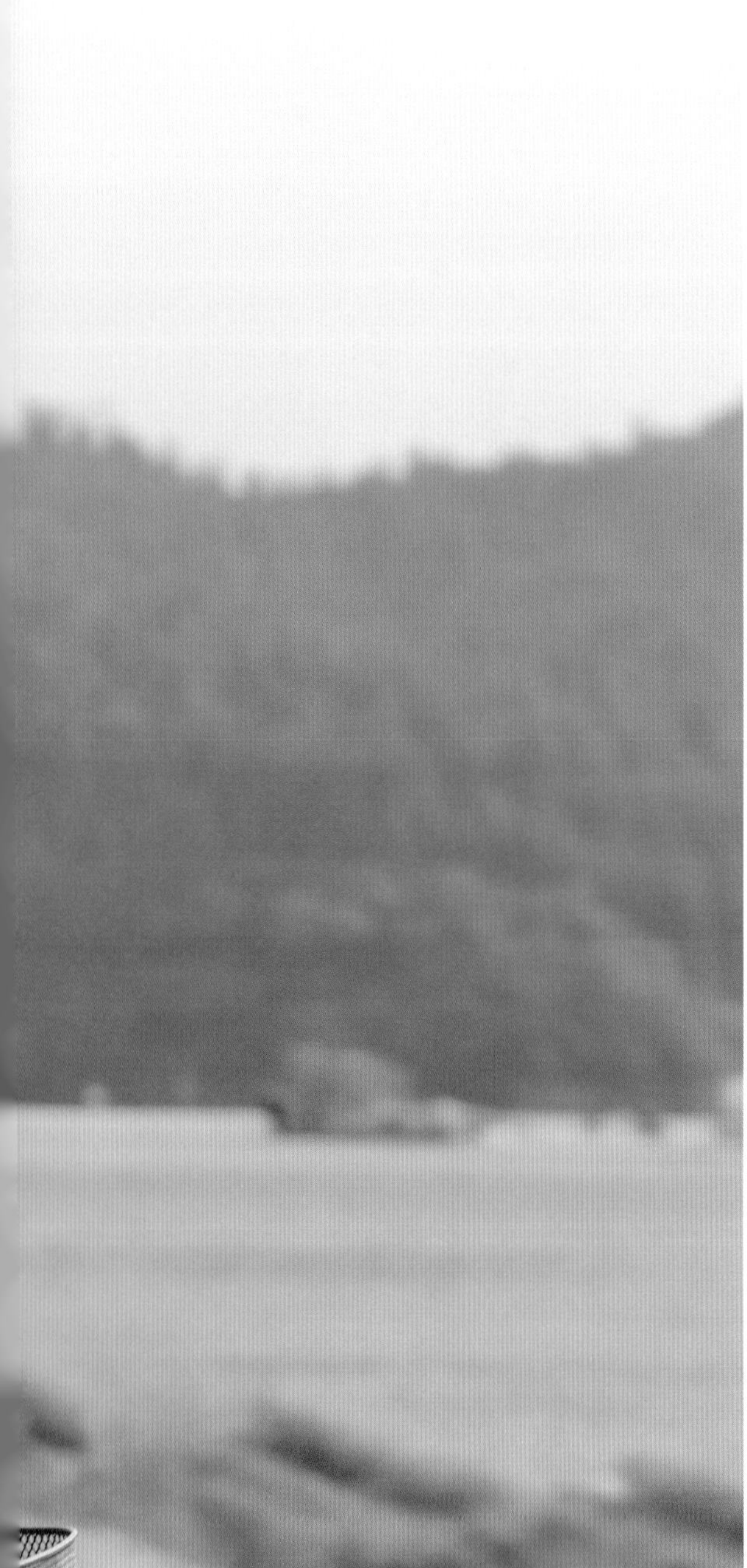

「光を追いかけて」

両親の離婚で父の故郷秋田へと引っ越した、中3の彰。転校先にも馴染めず、憂鬱な日々が続く。ところがある日、彰は空に浮かぶ“緑の光”を目撃。田んぼのミステリーサークルへと辿り着くと、不登校のクラスメート真希と出会う。共通の秘密を持った2人の仲は近づき、灰色だった日常が輝き始める。一方で彰たちの中学は、過疎化による閉校の日が迫る。おとなたちも揺れ動く中、謎の“緑の光”は、彰たちに何を伝えようとしているのか？

Story

「光を追いかけて」

Cast

登場人物紹介

鷲谷中学校

Tamura Shota

田村翔太

［下川恭平］

彰のクラスメイト。クラスで孤立していたが、彰と親交を深めていく。

中島家

Nakajima Akira

中島 彰

［中川 翼］

父・良太と秋田へ。不慣れな田舎生活に戸惑いながらも、転校先で真希や翔太と知り合い、少しずつ生活になじんでいく。

Nakajima Ryota

中島良太

［駿河太郎］

彰の父。東京でミュージシャンとして活動するも、離婚を機に彰を連れて帰郷。役所に転職し、故郷の過疎化などの問題を知り、町を盛り上げようと試みる。

Kagaya Etsuko

加賀谷悦子

［丹野未結］

教師。過疎化や学校問題に真摯に向き合う。

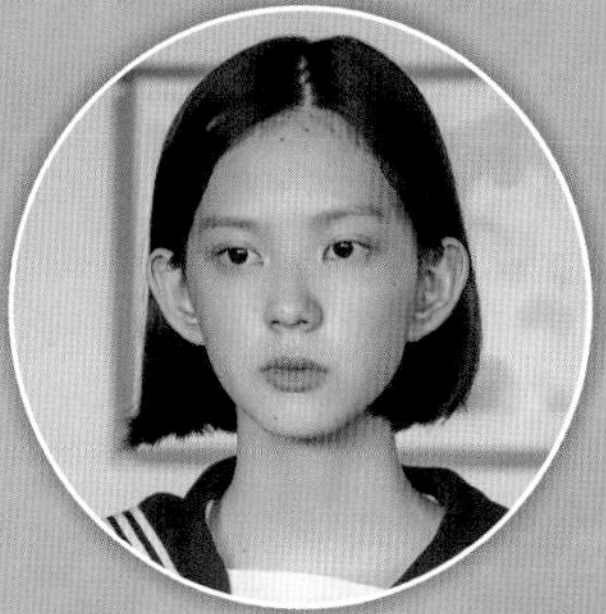

Murakami Sayaka

村上沙也加

［中島セナ］

学園祭実行委員長。最後の学祭を成功させようと奮闘する。

Sasaki Masaru

佐々木 勝

［小野塚勇人］

教師。地元のさまざまな問題に対して葛藤している。

Nara Miharu

奈良美春

［生駒里奈］

新人教師。何もない地元を飛び出し上京するも、地元の学校に赴任。再度上京することを考え、生徒やほかの教師とは距離を置いている。

Okamoto Maki

岡本真希

［長澤 樹］

家庭の事情により不登校となり、伯父である佐藤秀雄の家に通う。彰とは突然出現したミステリーサークルを機に急接近するが……。

Sato Hideo

佐藤秀雄

［柳葉敏郎］

真希の伯父。不登校で寡黙な真希を見守る。地元の過疎化や農家減少などの問題を目の当たりにしながら静かに暮らす。

葛藤を抱え歩む大人への階段
雄大な自然の神秘を感じながら
ありのままを演じる等身大の自分

Profile

なかがわ・つばさ◎神奈川県出身。4歳の頃モデルとしてデビュー。映画『僕だけがいない街』では、主人公の幼少期を演じる。他にもドラマ『私を離さないで』やNHK大河ドラマ『おんな城主 直虎』など幅広い分野で活躍中。映画『光を追いかけて』が初主演作品となる。

Nakagawa Tsubasa

念願だった主演に初挑戦
人生の新たなスタートに

——オファーを受けたときの心境を教えてください。

今作は僕にとって初主演となる映画です。実はお話をいただいたとき「映画に出れる」ことしか理解していませんでした。状況をうまく把握できず、混乱していたと思います。家に帰って、母と一緒に企画書を読み返していたとき「これ主演だよね……!?」ってようやく気が付いたんです。「いつか主演をやりたい」と小学校高学年ぐらいから思っていたので、ひとつの夢が叶い、飛び跳ねるほど嬉しくて興奮して、その日はなかなか眠れませんでした。大げさですけど、将来への新しい道が開けたと感じました。

——役作りで難しいと感じることはありましたか。

Cast Interview 1

中島彰役

中川 翼

役作りはほとんどしていません。リハーサルで、自分が想像した彰を作り、成田監督の前でお芝居をしたんですが、監督から「中川翼そのままでやってほしい」と言われました。そんなことを言われた経験がなかったので、とても驚きました。

――過去に出演したドラマや映画と大きく違ったと。

これまでは先輩俳優さんの幼少期を演じることがほとんどで、大人の俳優さんの演技を見て、雰囲気を真似たりしていたんです。「普段の自分でいい。そのままを出してくれ」と言われたものの、要望になかなか応えらなくて、素の自分と彰の何が違うのか。どのように切り替えたらよいのか。最初は困惑していました。でも、監督からご指導いただきリハを何度もやっていくうちに、本来の中川翼を全て出せるようになりました。おかげで本番も役作りは深く考えず、自分が思ったままに演じさせていただいたと思います。

――中川翼さんらしさを求められたんですね。

セリフの言い回しも監督と相談して「僕ならこう言います」と、自分らしく思ったままに発言していました。彰は正真正銘の僕です。性格もすごく似ています。言葉のチョイスや友達との会話が、僕の普段の生活と全く同じです。彰はほとんど僕なんじゃないかと思うくらい、いつもの僕とあまり変わらない。ひとつだけ違うのは、僕は絵が下手なことかな（笑）。

――彰は内気で、人との距離感を図る慎重な性格ですよね。他に共通点はありましたか。

人見知りなところです。僕も彰と同じで、クラス替えや入学式の後は誰にも話しかけられずに1人になるタイプで、この業界に入ったきっかけは、人見知り改善なんです。お母さんが、引っ込み思案な僕に自信をつけさせるために、4歳の時に子役事務所に入れてくれました。お芝居をしていくうちに、だんだんとこの仕事が好きになり、今の僕があります。最初はすごく人見知りだけど、ずっと一緒にいれば仲良くなれる。この部分は本当に僕と一緒だなと思いました。

――完成した映画を見ての感想は。

一番驚いたのは、エンディング

演じる中で学んだ
「自分らしさ」との向き合い方
試行錯誤しながら
自らの表現を見つけ成長する喜び

Cast Interview 1

中川 翼

シーンの自分の姿です。大半の撮影は2019年の9月。その後追加で、2020年6月に、中学3年生の春という設定で再度秋田に行き撮影しました。その時の僕の顔が全然違うんです。自分の顔は毎日鏡で見ているので変化に気づきませんでしたが、映像で比べてみると違いがよくわかります。1年も経ってないのに、こんなに顔が変わるんだとびっくり。幼さが抜けて、少しばかり成長したのを感じました。シャツの開きから見える首元の雰囲気も全く違うので、体格も変わったと思います。ちょっぴり大人に近づいたのを実感しました。

——長澤樹さんとの共演はいかがでしたか。

　彼女は僕と同い年なんです。持ち前の人見知りが発揮されて（笑）、最初は全然話せなかったんですけど、樹ちゃんとは一緒にいる時間が一番長かったので、徐々に仲良くなりました。普段の彼女はめちゃくちゃ明るくて、演技している時の目力が凄い子です。ジッと見られると目をそらしちゃうくらいドキッとする。僕にないものを持っている彼女を、素晴らしいなと思いました。

——長期間の撮影は初めてだと伺いました。

　長い間連続的に、地方滞在する体験をこれまでしたことがなかったので不安でした。しかも当時はまだ中学生。前日まで、どこに行くのかわからなくなるほど、軽くパニックになっていました。まず準備の仕方からわからず……。小中学校時は、一泊二日のお泊り行事は経験していますけど、1ヵ月間滞在となると、ど

れだけの荷物が必要なのかわからない。それに両親が付いてこないので、撮影中、朝早く起きられるか日々不安でした。早起きが苦手なので（笑）。

——同年代の皆さんとは、仲良く過ごしましたか。

　とても仲が良かったと思います。撮影していた一カ月の間、１日だけ休みがあったんです。その日に長澤樹ちゃんと翔太役の下川恭平君、そして脚本を書いてくださった作道さんの４人で秋田県立美術館に行きました。そこで展示の一つ、蠍座《さそり》が星空に描かれてある絵に不思議な魅力を感じて、ギャラリーでポストカードを買いました。今でも部屋に飾ってあります。見るたびに秋田を思い出します。

——先輩俳優さんとの共演はいかがでしたか。

　駿河太郎さん、生駒里奈さん、柳葉敏郎さんをはじめ、皆さん本当に優しかったです。テレビ映像の中にいる人達を目の前にして高揚しました。特に柳葉さんの演技はテレビでよく拝見していたのですが、目の前で見ると迫力が違う。すごく刺激を受けました。両親がいなくなって取り乱す真希に「大丈夫？」って呼びかけて僕が振り払われるシーンでは、振り払われた後のアクションをどうするか皆で迷っていました。その際、柳葉さんからアドバイスがあり、その通りに演技をすると、とてもしっくりきて。さすがだなと鳥肌がたちました。劇中での駿河太郎さんとは気まずい関係の設定ですけど、休憩の時はとても優しく接してくれ、本当のお父さんのようでした。

——秋田という場所はいかがでしたか。

　撮影場所の周りは、田んぼだらけ。失礼な言い方になるかもしれませんが、何もない田舎です。でも逆に、その「何もない」環境がすごく心地良くて。目に見える景色全てが美しく、不安も迷いも全て消えていき、リラックスして撮影に臨めました。最後は帰りたくない気持ちが強かったです。

　こんなに落ち着ける場所は他にないと思うほどです。東京にいるとありとあらゆる情報が入ってきます。膨大な情報から、自身が必要な情報だけを精査し、必要か不要かを判断しなくちゃいけないけど、秋田にいると、そんなことを考えなくていい。これは現地に行ってみないと分からないと思います。多くの人に体感してほしいですね。今思い出しただけで、幸せな気持ちになります。

——劇中には秋田名物も登場します。

　初めて食べたきりたんぽは、とてもおいしかったです。それに、これまで聞いたこともなかったババヘラアイス。台本を読んだ頃から、食べるのを楽しみにしていました。撮影合間に食べた比内地鶏の親子丼もおいしくて……。あれを食べるためだけに、また秋田に行きたいほどです。

——秋田はどんな存在ですか。

　僕にとって、もう一つのマイホームのような場所です。景色が輝かしく、その美しさは言葉にならないほど。それほど素晴らしい場所でした。

中川 翼

美しさに思わず息をのむ
秋田の全てが詰まった映像美
何にもないと感じる場所で見つけた
温かく深い心地良さと
未来への希望

――映画を楽しみにしている方にメッセージをお願いします。

秋田の大自然、そして秋田の全てが詰まっている映画です。見れば必ず秋田に行ってみたくなると思います。僕も完成した映画を観て、また秋田に行きたいと強く思いました。映画のテーマである「光」は、僕にとって希望です。きっと明るい未来を想像できると思います。

不透明な未来へ向けて前進する
孤独を抱えたヒロインを演じて
映画初出演作から見えた明るい光

Cast Interview 2

長澤樹

岡本真希役

揺らぎ悩んだ刺激的な日々 初めて出演した映画で成長

——ミステリアスな雰囲気を持つ真希の役作りは、難しい面もあったかと想像します。

最初に台本をいただいたとき、私が演じる真希は、自分とは全く別人だと感じました。喜怒哀楽が激しく、まるで台風のような凄まじい激しさとスピードで、どんどん周りを巻き込んでいく子です。普段の私はゆっくりでマイペース。自身とは違うタイプの女性を演じることに苦手意識が働きました。真希をしっかり理解して演じられるのか不安でした。

——共通点は全くありませんか。

素直に感情を表に出す部分は、少しだけ似ていると思います。人前ではあまり見せませんが、家では楽しい悲しいといった気持ちは出すほうです。感情の波は真希よりもフラットですが、身近に感じた部分もあります。

——堂々の演技が印象に残ります。

実際に撮影が始まると、真希という存在が、私を引っ張って、導いてくれていると感じました。不思議な感覚でうまく言葉にできないのですが……、真希が持つ圧倒的パワーに救われたように思います。最初に感じていた不安は徐々になくなり、演じるうちに「これでいいんだ」と、自信が付いていきました。

——撮影は2年前の秋ですね。

完成した映画を観たときに、自分の幼なさと成長を感じました。「今の自分だったらもっとできる」とも思いましたが、あの頃の私が持つ最大限の力で、作品と向き合うことが

Nagasawa Itsuki

Profile

ながさわ・いつき◎静岡県出身。特技はクラシックバレエ。ドラマ『Chef～三ツ星の給食～』や映画『破壊の日』などに出演。他にも雑誌『POPEYE』の巻頭特集で起用されるなど、モデルとしても活躍。映画初出演である『光を追いかけて』では、ヒロイン役を演じる。

できました。

――映画初出演となる作品ですね。

当時、映画の撮影現場は初めてで、何もかもよくわからず……。緊張しかしてなかったですね。何をどう動いていいかわからなかったし、わからないことを誰に聞けばいいかもわからない。わからないことだらけでした（笑）。

――同い年の役者さんが多い環境はいかがでしたか。

初対面ならではの戸惑いもありましたが、撮影途中から壁がなくなり、徐々に皆さんと仲良く喋れるようになりました。特に、中川翼君とは長い時間一緒にいたので、とても支えられていたと思います。撮影中だけじゃなく、撮影待ちの雑談や、一緒にご飯を食べた時間が、私にとって、強い安心に変わっていました。家族と離れ、一人で長期間の撮影現場に入るのは初めての経験です。不安や寂しさがありましたけど、翼君のおかげで、「一緒にいる人がいる。自分は一人ではない」という安心感を覚えました。役者の枠を超え、友達として仲良く接してもらえたのも、うれしかったです。

——同年代だからこその刺激も受けましたか。

全てが刺激的でした。年齢が一緒でも、映画初経験の私は、完全な初心者で後輩という立場になります。翼君の演技はもちろん、撮影合間の過ごし方まで、全てが勉強になりましたし、あらゆるスキルを学べる環境が、とても幸せでした。

——成田監督の現場はいかがでしたか。

和やかで明るく、家族のような温かさがありましたね。それに成田監督は、何も言わずとも、私を見抜いている瞬間があると感じました。同じシーンを何度も撮っていると、「どうすればいいんだろう」と混乱することがあります。そんな時、私から「時間をください」と言わなくても、待っていただきました。そして私が落ち着いた時を見計らって、カメラを回してくださいました。初めての映画でお芝居をする緊張感や心情を感じ取っていただけて、リラックスして演技に臨めたと思います。

——演技指導はありましたか。

私を一番近くで見てくれていた成田監督から、演技のレッスンや、お

正解のない役者という仕事で自分を信じる大切さ
周囲の助けと協力から感じた演技に没頭する幸せ

芝居の勉強をさせていただきました。そして、押しつけではなく、「こういう感じがいいんじゃない？」と自然な感じで、他の役者の方々やスタッフさんからも、撮影中に色んなアイデアをもらいました。映画の現場第一線で活躍しているプロフェッショナルの方々からご指導いただけてうれしかったです。演じる上で、演技している自分とそうじゃない自分を切り替えて、素の自分に戻る時間は必要なのかもしれません。でも、撮影中の1ヶ月、役に没頭し、完全に真希でいられる時間は、とても幸せでした。

——伯父役である柳葉敏郎さんとの共演はいかがでしたか。

緊張してガチガチでした。大先輩を前に、「失敗はできない」と感じていたんです。自分がNGを出すのがすごく怖くて……。失敗は絶対に許されないと思っていたんですけど、一度セリフを間違えたとき、柳葉さんが「ドンマイ！　大丈夫だよ！」って言ってくださいました。緊張がほぐれ、安心してホッとしました。「失敗＝ダメ」という考えが頭から消えたと思います。それに非常に優しく接

心身が浄化される美しい環境と
いつでも自然体の自分に戻れる居場所
故郷を感じられる映像に心奪われて

してもらい、本当の伯父さんのようでした。とても感謝しています。

――秋田の印象はいかがでしたか。

　到着してまず、秋田県の広大な自然に驚きました。すごく良い空気が流れていて、心身が浄化される感覚に、「こんな素晴らしい場所が日本にあるんだ……！」とびっくり。リアルな秋田の景色を目の前にすると感動しかありません。ここに来れて本当によかったと思いました。

――静岡県ご出身ですよね。地方とは、どういう場所であると思いますか。

　映画でも描かれていますが、人口が少なくなって過疎化が進み、町が衰退していく様は、自分の居場所がなくなっていくことだと感じました。とても悲しい現実です。世の中がどんどん便利になっていくのは良いことだと思います。でも、昔ながらの自分の居場所は変わらないでほしい。私も大切にしたいし、皆さんにも大切にしてもらいたい。地元出身者にとっても、都会で生まれ育った人にとっても「もうひとつの居場所」になれるのが、地域や地方なのだと思います。私にとって秋田県は、第二の故郷となりました。自分の心の中にずっとある、おばあちゃんの家のよう。いつか帰れる場所です。

――作品中で秋田の民謡を歌われています。

　民謡はこれまで歌ったことがなく、絶対に歌えないと思ったんです。でも撮影前、民謡の先生から歌い方を教えていただき練習するうちに、だんだんと肺活量が鍛えられました。作品の中で歌った曲は、地声を長い時間伸ばすのが特徴で、ブレスがうまくできないと、一息で歌わなければいけない部分があります。息が続かなくて酸欠気味になり、クラクラしたこともありますが、現場ではきちんと歌えました。屋根の上で歌うシーンでの本番は、絶対に倒れちゃいけないって思っていました（笑）。

――心に残っているシーンはありますか。

色々あるのですが……、一番は中川翼君と、田んぼの畦道を追いかけっこしながら、私が後ろを振り返るシーンです。セリフは一切ないんですが、心に強く残っています。あの映像の中には、美しい秋田が全て詰まっています。そして、真希の両親が家を出ていってしまった後、感情を露にしながら「ふざけんな！」って真希が泣き叫ぶシーンです。とても難しい場面でしたが、あのシーンによって、私の中で真希という子がはっきりしたんです。ただ性格が激しいだけじゃない。真希が抱えていた孤独や不安、そして大好きな母親が自分を置いていった悔しさ、あらゆる感情全て含めて怒りになったんだと思うと、改めて真希を身近に感じることができたんです。

――最後に、皆さんにメッセージを。

この作品は、ぜひ映画館で観てほしいと思います。秋田の景色、音、そして匂い。私が感じたあの雰囲気は、映画館でしか味わえないと思うんです。そして見た方に、幸せな気持ちになってもらえるとうれしいです。私が、秋田で過ごした幸せな時間を、一緒に感じてもらえたらと思います。

Cast Interview 3

奈良美晴 役

生駒里奈

Ikoma Rina

秋田が舞台の作品に喜び 映画出演で関われるうれしさ

——この映画の出演依頼がきたときの感想を教えてください。

秋田出身としては、秋田を舞台にした作品に携われてうれしい気持ちでいっぱいでした。

芸能というお仕事を始めてから、秋田に関する仕事をあまりできていなかったので、地元に関わる仕事が増えたらいいなと思っていたところでした。東京に出てから、ますます故郷が好きになっていたので、秋田での映画の撮影はうれしかったです。今回の撮影で秋田駅に降り立った瞬間、地元の懐かしい空気をいっぱい吸って、やっと本来の呼吸ができるような気持ちになりました。そんな空気の違いに気付けたのは、やはり東京へ出たからかなと思っています。

——撮影中に楽しみにされていたこ

故郷や家族に思いを馳せる人へ 自分から動いてみようと思える そのきっかけに

Profile

いこま・りな◎秋田県由利本荘市出身、乃木坂46ではデビューシングルから5作連続でセンターを務め、グループの中心メンバーとして活動。2018年の同グループ卒業後は女優として舞台やテレビドラマ、映画などで活躍中。故郷・由利本荘市のふるさと応援大使として情報発信等に尽力する。愛称はいこまちゃん。

とはありましたか。

　楽しみというのとは少し違うかもしれませんが、小さい頃からずっと見てきた景色の中で撮影すること自体が初めてで新鮮でした。撮影した場所と私の実家が、車で1時間くらい離れているのですが、毎日、お母さんが送迎してくれました。今までは、一度実家に帰ると気が抜けてしまって仕事に戻るのが大変だったんですが、今回は全部実家で、朝ご飯も夜ご飯も実家で食べて、家のお風呂に入って、家のお布団で寝たりと、そういうことが初めてだったので、とても楽しかったです。

　あと、秋田は自然豊かな場所なので、新鮮な空気を浴びてのびのびと撮影ができました。

——今作は実在したミステリーサークル事件がモチーフになっています。

　そんなことがあったんだなって、この作品を機に知りました。けれど、秋田って遺跡が見つかっていたり、ストーンサークルがあったりするので、なんとなくありそうだなとは思っていました。ストーンサークルって時計の役割を果たしていたといわれていますが、宇宙人を呼んでいたという説もあったりしますよね。なので、この作品を通して、秋田のそういった土地の背景が見えてくるのもおもしろいなと思います。

——成田洋一監督の作品を通して見る秋田はどうでしたか。

　秋田ってかっこいいんだなって感じました。成田監督の撮る映像がすごく綺麗で、カメラを複数台使うなど、お芝居の撮り方も素晴らしいんですが、風景の切り取り方もとっても素敵で。ただの景色も、成田監督が撮ると、一つの作品になるんだなと感激しました。

——役作りはいかがでしたか。

生駒里奈

奈良先生は23歳の設定だったので私と年齢が近くてリアルでした。地方の若い人が都会に出て、また地元に戻ってきて……という。けれど、結局、地元での生き方も腑に落ちなくて、また都会を目指してしまうこともあるよねと、想像しやすかったです。私もこういう仕事をしていなかったら、奈良先生みたいに自分の意見をちゃんと言えないし、思っていても行動に移せないまま終わっていたようなタイプだったと思います。そういう意味では、共通点みたいなのもたくさんあります。ただ、生駒里奈はもう少し何も考えていないというか（笑）、どこかで〝人に何を言われても自分は間違ってないぞ〟と思えるタイプなので、その辺りは少し違うかもしれませんね。

――成田監督から、演技指導はありましたか。

特に細かな指導はなくて、画がすごく綺麗ですと言ってくださいました。私はあまり映像経験がなかったのですが、今回できあがったものを見て初めて自信がつきました。自然に演じられたところもあったのですが、そういうところを成田監督は絶対に撮り逃がさないんです。監督の切り取り方は、こんなにも私を生かしてくれるんだと驚きました。

また、奈良先生は〝生徒を引っ張れない先生〟なんですが、そのダメさ加減とか、観ている人が「もっとしっかりしなよ」と思えるような、そんな表情や動きを意識しました。「こういう若い先生いるかも」と、自然に思ってもらえるような、その辺のリアルさは出したいと、監督とも話をしていました。

――作中で心に残っているシーンを教えてください。

真希が教室にいきなり現れて、作

馴れ親しんできた空気と景色の中で
のびのび演技できる充実感
都会と地方で揺れる同年代の役柄に
共通点と相違点を見つけて

品をぐちゃぐちゃにしてみんなでケンカするシーンですね。すごく覚えているのが、何度も何度も撮り直しをして、成田監督も生徒役の俳優さんの気持ちが作れるまで待って、それから「お願いします」と撮影に入るんです。監督と役者の子たちの感覚の研ぎすませ合いというか、お芝居のセッションがすごかったです。皆さん無垢で、純粋さをまとった人ばかりだったのですが、そういう人たちが心の底からお芝居をしていて。そのこと自体が、何もない秋田の自然の中で行われることに価値があるように感じさせてくれました。

あとは、真希の家のガソリンスタンドに様子を見に行くシーン。私は、とにかく役に立たない先生になり切ろうと思っていました。解決も何もしてくれない先生に対して、生徒の冷たい視線や苛立ちが引き立てばいいなと。

――10代の俳優さんたちとの共演はどうでしたか。

皆さん肌がすごく綺麗で、ヘアメイクさんたちと、綺麗だね、可愛いねって、すごく盛り上がりました(笑)。「ずっと秋田で退屈じゃない?」って聞いたら、「地元のお母さんたちが作ってくれるご飯がすごくおいしいし、温泉もいっぱい行けるし、部屋ではみんなで遊べるし、めちゃくちゃ楽しいです」って。楽屋では宿題してるし、なんか、そういう姿を見てたら泣けてきちゃって。こんなに可愛い子たちが秋田で一生懸命お芝居してくれて、なんかそれがうれしいし、幸せって思いました。

――見どころを教えてください。

映像の美しさです。成田監督が映し出す美しさに加えて、他の出演者

感覚を研ぎすませ合って生まれるセッション
10代ならではの輝きと魅力が詰まった映像
自然でリアルな芝居とは何かを全身で体感

の方々はもちろんのこと、10代の子たちが頑張っている姿が、とても綺麗なんです。若さというものには特別な魅力があると思っているんですが、その無垢な美しさを、監督が全力で映しているので、キラキラとした宝物のような映像になっていると思います。もちろん、秋田の自然や景色の映像も、すごく綺麗で印象的です。

それから、皆さんが素晴らしいお芝居のセンスで、若い俳優の魅力を見せてもらえるというか、その辺りも堪らないと思います。自然に生まれてくるリアルなお芝居というか、私もそこにいるだけで奈良先生という人間になれたので、映画や映像を撮りたいと考えている人には、撮り方という側面で、参考になるような映画かもしれません。

あまり上映時間は長くないので、ふらっと立ち寄って観ていただいても、大きな感動が得られる作品だと、個人的には思っています。

――メッセージをお願いします。

この作品は秋田が舞台になっているので、秋田の皆さんにはぜひ観てもらいたいです。そして、コロナ禍ということのようなご時世になってしまって、地元との関わり方や故郷のこと、親や家族について、改めて考える人も多くなったと思います。そういった人たちにも、きっと何か響くものがある映画です。映像美も本当に素晴らしいですが、鑑賞後に、「自分から動いてみようかな」「自分で動いて何かを変えてみるのもいいかもしれない」と、素直に思える作品なので、故郷に思いを馳せる人も、そうでない人も、色々な人に観ていただきたいなと思います。

Cast Interview 4

佐藤秀雄 役

柳葉敏郎

Yanagiba Toshiro

子どもたちが迷い、悩み、時に傷つき夢を見る
それを見守る大人の愛や葛藤、逃避の気持ち
作品を観る人たちにも通じる何かを探して

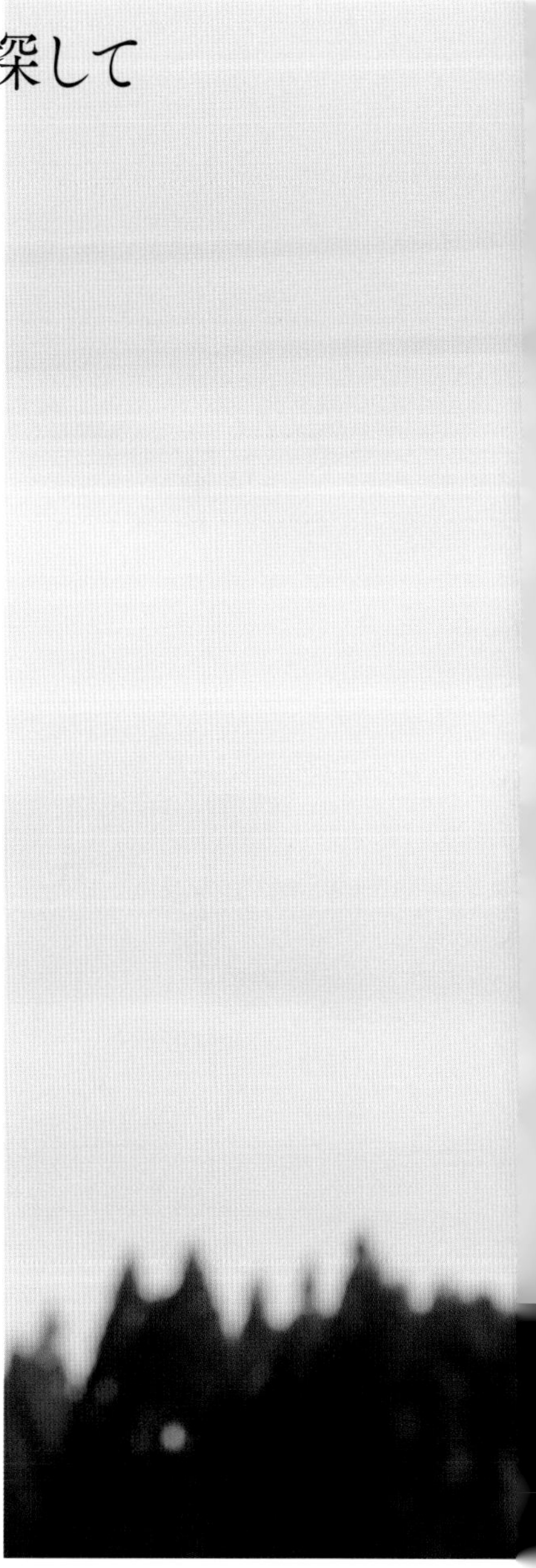

ヒューマニズムの中にある
ミステリアスなおもしろさ

——この映画のお話をいただいたときの感想を教えてください。

　地元が舞台の映画は今まで出演したことがないし、楽しめるかなぁと感じたのが率直な感想です。あとは成田洋一監督の叔父さんが体験した、未確認飛行物体とミステリーサークルを見たという実話から着想した点もおもしろいなと感じました。ヒューマニズムだけではないミステリアスな部分もあり、いろいろな楽しみの要素があります。僕自身、モチーフとなったミステリーサークル事件は、ちらっと聞いたことがあります。一時期流行りましたよね。人が作ったものなのか何なのかはわかりませんが、あれが秋田から発信されたという喜びが当時はありました。今振り返ると、あれは地元愛だったんだろうなと思います。

——完成作品をご覧になった感想は。

　最初楽しみにしていたのとは違う意味で、ものすごく感動しました。一人の観客として、自分が求めていたものとは違う感動が得られました。子どもたちの人間関係が描かれていますが、それこそ監督が表現したかった〝いま〟の人間環境なんだと思います。僕らの時代にも同じような問題はあったけれど、あの世代の若者たちに生まれてくる波風というか、そこに本人たちや大人たちがどう対処していくかっていうのが、こ

Profile

やなぎば・としろう◎秋田県大仙市出身・在住。1984年、劇男一世風靡“セピア”のメンバーとして路上パフォーマンスを繰り広げ話題を呼んだ。'86年、映画『南へ走れ、海の道を!』で本格的にスクリーンデビュー。日本アカデミー賞新人俳優賞、同助演男優賞、ブルーリボン賞助演男優賞など、受賞歴多数。安定した演技力で、テレビ、映画、CMなどで幅広く活躍中。

の作品の問いかけになってるんじゃないかと思います。

――役を演じる上で、何か意識されたことはありますか。

あくまでも自然体で、佐藤秀雄という男の日常生活を表現することに心を配りました。ミステリアスな部分の出来事自体が異端なことなので、ベースとなる日常感をリアルにするほど、変わったことがより引き立つと考えました。作中できりたんぽを食べるシーンがあるのですが、昔、子どもたちが幼いときに一緒に作ったなと、懐かしく思い出したりしました。

――真希が友人の彰の手を振り払うシーンがとても印象に残りました。

殴る、殴られるシーンというのは、殴られるほうの演技が重要なんです。殴られるほうが上手にできればそれがとてもリアルに見えるし、違和感なく感じられる。それはかつて僕が教わったことでもあるし、中川君はこういったシーンが初めてだと思うので、その点を伝えました。映像としてあとで見てみると、そう長い部分ではなかったんですけれど、彼とそういう話ができたことは貴重な時間だったと思っています。

――ほかのシーンでも、監督や共演者の方と演じる方向性を話し合われたんですか。

詳しい話はしないです。僕にとって演技というのは口論して生まれてくるものではないので。自分の演じるイメージはこうですよと相談はしますが、監督には監督の役のイメージがあるので、そこの融合接点を探るのが現場の仕事かなと思っています。今回、そういったすりあわせがうまくできたんじゃないかと感じています。

——撮影時の雰囲気はどんな感じでしたか。

和やかな雰囲気でした。僕は地元なので、地元の人たちとのコミュニケーションも楽しくとれましたし、普段仲良くしている野球仲間もいました。炊き出しを担当してくれたのも地元の人で、本当にお世話になりました。撮影時にコンバインにも初めて乗ったのですが、最初は恐る恐る動かしていて。その後数回コツを教わったらうまく乗れるようになったので、楽しかったです。

——長澤さんや中川さん、10代の俳優さんと一緒に演じた感想は。

彼らのパフォーマンスが新鮮で、とても癒やされました。見てて守ってあげたくなるような、支えてあげたくなるような、そんな初々しさを感じました。新人だった頃の自分にあんな初々しさがあったかな、なんて当時を思い出しながら終始にこにこして過ごしていました。ちなみに、自分が作品に参加させてもらうときに求めているのは〝新鮮さ〟なんです。今回は、彼らを通じてその新鮮さを感じさせてもらうことができた

自身が現場で学んできたことを後進へと伝えていく 若手のフレッシュさから得た新鮮な気持ちに感謝

ので、とても感謝しています。

——方言のセリフに対して、意識していたことはありますか。

僕は、方言を緩めるのに苦心しました。映画を観ている人に伝わらないといけないので、できるだけわかりやすい方言を心がけました。普段は役柄で話す以上の方言を使います（笑）。

——この作品は地方の過疎化も一つのテーマですが、現在二拠点で活動されている柳葉さんから見た秋田の良さを教えてください。

まず、人がいいと思います。僕は地元なので、良い意味でも悪い意味でも表現が下手な人が多いかなと感じます。謙虚といえば謙虚だし、けれどその裏には〝悟ってほしい〟という部分があるのかなって思います。世の中では、もっと自分をアピールしないと成立しないことがたくさんあるので、後輩たちにはそのことをよく伝えています。

——柳葉さんが秋田に戻られたのは、ほかにない地元の良いところがあるからですか。

単純に自分を育ててくれた場所だから、子どもたちに見せたいという思いがありました。また、今回の作品に関しては、声を大にしては言いたくないけれど、地元を盛り上げたいという気持ちもありました。秋田の人が観てくれたなら、作品を通してもっと自信をもってほしい。そしてそれを、それぞれの社会や環境の中で生かしてくれたら。アピール下手な人たちの重い腰があがる一つの要因になればと願っています。秋田には素敵な人と素晴らしい自然があるので、それらが力を合わせたらどんな良いものが生まれるんだろうと、僕自身、ワクワクします。

Cast Interview 4

柳葉敏郎

同じ秋田出身の監督とタッグを組んで臨む
地元に対する思いと、いま伝えたいこと
まっさらな気持ちで作品を観て素直に感じて

――この作品には地方の良さが垣間見えます。

　監督も秋田出身なので、この作品に対する思い入れがものすごく深くて、「こういうふうに撮ってみたい」と、よくお話をされていました。風景もすごく綺麗だと思います。

――本作品に対する思いを教えてください。

　監督と僕は同年代で、何かを夢見て東京に出てきた者同士。そして同じ秋田の人間として、この作品で世の中に立ち向かっていくわけだから、しっかりとスクラムを組んで完成させないと、という責任感がありました。また、その力の一つになれたらと願い、撮影に臨んでいます。そんな思いのこもった作品を、純粋に、何も考えずに、まっさらな気持ちで観ていただければと思います。

――最後にメッセージをお願いします。

　映画は娯楽なので　何を楽しみにしているかは人それぞれです。その楽しみを、しっかりと見つけてくれたらうれしいです。また、本作には若者たちの悩みや夢が描かれています。そしてそこに関わる大人たちの葛藤だったり、愛だったり、逃避したいという気持ちなんかも。それらの出来事や登場人物の思いなんかが、観てくださる人たちを取り巻いている環境や考えに、どこかつながる部分があるんじゃないかという気がします。先に述べた、僕自身が感じた思いがけない感動というのは、その点にあったのかもしれません。人間関係の中で生まれてくるさまざまな自然な気持ちを、あらためて、ピュアな状態で感じてもらえたらうれしいです。

FIELD MESSAGE

原風景のような映像美が心を打つ
地方が抱える問題点をあぶり出し
未来を共に考えていく

Cast Interview 5

中島良太 役

駿河太郎

滞在時の楽しさも思い出す
日本の良さが溢れた作品

—2019年に撮影でしたが、当時の感想を教えてください。

とにかく楽しかったです。東京に戻らないといけない日を除いて、ほぼ秋田にいました。一人でまち歩きもしましたね。

—どこか行かれましたか。

滞在は秋田市だったので、川反という繁華街によく行きました。最初に行ったバーで川反で一番古いお店を教えてくれたので行ってみたのですが、閉まっていて。近くのお店に入ったんですが、そこのオーナーさんが同い年で僕の趣味でもあるサーフィンをしていて、一気に仲良くなりました。今でもお付き合いがありますよ。

また、撮影場所の井川町は黄金色の稲穂がすごく綺麗でした。こちらでは地元農家のお母さん達の炊き出しがあったりと、たくさんのサポートをいただきました。県民性なのか、役者や制作陣に配慮して、少し距離を置いて見守ってくれる感じで居心地がよかったです。

—完成作品をご覧になった感想を教えてください。

第一印象は、成田洋一監督の撮るものはやっぱり綺麗だなって。監督にしか出せない空気感があるし、日本の良さが伝えられる作品なんじゃないかなと感じました。

—駿河さんは留学経験がおありですが、海外から見た日本と、国内にいるときに感じる良さは違いますか。

僕は日本に戻ってサーフィンを始めたのですが、海があって山がある素晴らしさを帰国してからしみじみ感じました。海外にいるときは、山

Suruga Taro

Profile

するが・たろう◎兵庫県西宮市出身。大学卒業後音楽留学し、2002年にシンガーソングライターでメジャーデビュー。'08年「東映若手俳優育成オーディション」合格を機に俳優へ転身。映画『デトロイト・メタル・シティ』に出演後、NHK連続テレビ小説『カーネーション』で脚光を浴びる。大河ドラマ『麒麟がくる』映画『ヤクザと家族 The Family』など出演作多数。

本人の優しさや思いやりなど〝人の良さ〟を、戻ってからは島国ならではの〝土地の良さ〟を感じています。

——この作品のテーマのひとつに過疎化がありますが、地方創生についてどうお考えですか？

地方創生という部分に関しては、子どもの数が圧倒的に減ってて、子育てにはもちろんお金もかかるし、そういう意味で国政に携わる人にも映画を観てほしいですね。僕は町役場職員の役でしたが、行政に何ができるかっていうのをもう少し考えてほしいなと、演じながら感じました。いい国のはずなのに、人がダメにしてる気がするんです。そしてその状況を作り出したのは僕らでもあるし、僕らの親世代でもある。例えば、地方に行けば行くほど車社会なのにガソリン代は高い、けれど生活費を稼ぐための時給は安い。悪循環ですよね。そこを「地方が主体で頑張って」っていうのではなく、国が地方を積極的に援助してほしいです。

——駿河さんは、地方創生に前向きに取り組み、思春期の子を抱え、東京で挫折して戻ってくる役ですが、役作りで何か意識したことはありますか。

都会に一度出て失敗して戻ってくる役なので、あまり父親っぽくしようとは考えていませんでした。演じながら感じたのは、一人の人間が考えたり、できることって、実はすごく小さいなということです。これは役を離れた駿河太郎自身にもいえることですが、自分だけが考えつく発想ってすごく安易なものだったりするんです。もっと広い視野で、自分には何ができるんだろうって、今回の作品を通して考えさせられた気がします。

——撮影現場はどんな雰囲気でしたか。

すごく穏やかでした。成田監督は、コマーシャルを多数手がけてこられているので、監督の中で景色や全体像のほしい画が決まっているなと感じました。そこに、現場での役者の表情や動きなど、芝居的な画を掛け合わせながら撮られているなと思いました。全体的に、監督が今まで積み上げてこられたものが、すごく発揮されている作品だと感じます。

——10代の俳優さんとの共演はいかがでしたか。

テーマのひとつが“過疎化”
映画を通して考える地方創生
責任ある大人の一人として
真剣に考えるきっかけに

子ども達同士で仲良くなっていましたよ。そこで楽しそうにしていたから、邪魔しないほうがいいかなって思って、あまり話しかけていないですね（笑）。

――駿河さんご自身にもお子さんがいますよね。

中学1年生と小学2年生の子がいます。自分自身も通ってきた道なので、思春期の子どもの気持ちがわかったりもします。これが3歳とか5歳くらいの子の親の役だったら、もっと仲良くならないとダメだと思うし、めちゃくちゃ遊び相手になります。今回は少し距離のある役だったので、そんなに近くならなくていいかなという思いもありました。

――作中では見守るお父さんの感じがすごく出ていましたね。

カメラが回っていないところでも一応みんなを見てはいました。一人で寂しそうにしていたら話しかけたりとか。でも、子ども達は別で稽古を1ヶ月前くらいからやってたので、早くに仲良くなって関係性ができていたようですね。

――撮影内容を監督と話し合われたりしたんですか。

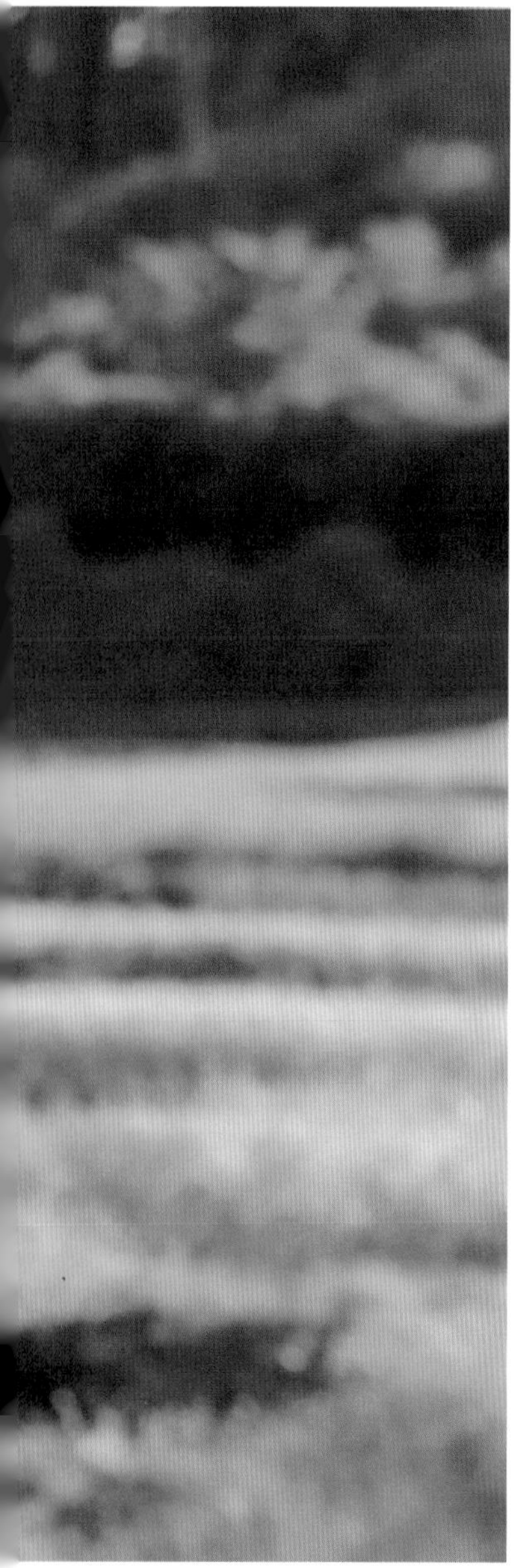

地方の温かさ伝わる方言を随所に入れて大人にも子どもにも伝えたいメッセージ

僕は監督が「欲しい」と思うものを演じることが役者の仕事だと思うので、細かくは話し合っていません。ただ、監督は秋田出身なので地元に対する思いがとても強いですし方言については指導をいただきました。

――駿河さんの話す秋田の言葉がとても自然でした。

出戻り役だったので、お母さんと話すときなどは方言が出るのですが、標準語も多いです。観客の視点も考えているので、秋田の言葉ばかりだと聞き取れないんじゃないかと監督と話したりもしました。役柄上でもありますが、方言と標準語をうまく使い分けようと考えていましたね。指導方法については監督自身がセリフを吹き込んだ音源を耳に入れていました。僕はネイティブではないので、監督から「今のはちょっと違う」と指摘が入ったりするんですけど、何が違うのかがわからなくて。監督の発音と自分の発音が一緒に感じたりすると悩みましたね。感情のこもるシーンでは秋田なまりを強めにしたり、さじ加減が難しかったです。

――この映画を撮り終えて、地方に対する感じ方は変わりましたか。

もともとサーフィンで地方に行くこともあるんですけど、今は地方に拠点を構える人も多いですよね。だからそんなに都会と差はないのかも。僕の仕事はテレワークや遠隔でできないので、遠隔可能な人はいいなって思ったりします（笑）。

――地方の魅力ってどういうところだと思いますか。

人がいいですよね。皆さん優しい。

——駿河さんご自身は兵庫のご出身ですよね。

そうですね。ただ、どちらかといえば都会のほうです。今回秋田に来て、秋田の方は面倒見がいいなと感じました。先に話した飲食店のオーナーさんも、東京へ戻る日にお土産を持って見送りに来てくれたんです。うれしかったですね。自分が東京というまちで同じように誰かに優しくできるかなと考えたら、難しいんじゃないかと思ったり……。地方ならではの温かさは行くたびに感じています。

——最後に、映画を楽しみにしている人にメッセージをお願いします。

日本って捨てたもんじゃない、そう感じられる、日本の良さがよくわかる作品に仕上がっていると思います。地方が抱えている問題というのが確かにあるし、それを僕達がどう考えていくのか、そのきっかけになってくれたらうれしいです。子ども達が作品を観てくれたら、そんな大人達に「ちゃんとしてよ」って伝えてほしいですね。

Production note

2019.9.1–9.27

「光を追いかけて」
プロダクションノート

広大な田園。
透き通るような空。
秋田県の井川町で行なわれた撮影。
天気に悩まされながらも、
約1か月という濃厚な期間を経て、
一つの作品が誕生した。

8月【準備期間】

制作スタッフは8月初旬から秋田に入り、日々準備に精を出しました。物語に合わせて旧型コンバインの整備と講習。シンプルな操作性ですぐ走れるようになりましたが、実際に稲刈りとなると、稲の高さや複雑な形の田んぼもあり、スタッフは不安いっぱい。それを察した農家の方が撮影にも立ち会ってくれることになり安堵。ホントにありがたいです。

9月1日

主な撮影場所である旧井川小学校の体育館では、物語の核となる巨大看板の制作中。秋田公立美術大学の皆さんに協力していただきました！稲わらを使用するため、粉じん対策で皆マスク姿。

怪しい集団ではありません。（これを書いている2021年5月、マスク姿はすっかり日常になってしまいました）

9月2日

クランクインが近づいて来ました。スタッフ全員が汗だくでTシャツに塩の結晶をつくって作業中。ときに効率が悪かったり、余計なお金もかかったりしますが、試行錯誤の作業がいかに贅沢な時間であるか、インターン生や若いスタッフにはわかってほしいと思います。

9月7日

地元キャストの衣装合わせの前に、この作品に懸ける思いを成田監督が熱く語ります。成田監督は、故郷である秋田に希望を届けたいとの思いで、3年以上かけて準備をしてきました。監督のお話に魂を揺さぶられ、地元キャスト、東京からのスタッフ、一丸となっていざクランクイン！

ところが、週間天気予報を見ると怪しい状況。台風も近づいて来ているという報道もあり、不安は増すばかり……。

9月8日

地元キャストの中学生が自転車で登場。ロケ地である旧井川小学校の教室で、撮影前にリハーサルを実施。

実際に撮影する場所で、ほぼキャストが勢ぞろいリハーサルなんてなかなかできることではありません。リアルな現役中学生だからこそ素直に、セリフの意味を理解して、そこに秘められた意図を探り、生身でぶつかり、自分の中に落とし込んでいきます。

9月9日

安全祈願祭とスタッフ全員、そして地元の皆さんとの顔合わせでした。無事撮影が終わりますように。

成田監督はCM界のベテラン監督ですので、今回のスタッフはCM中心のスタッフと、映画畑のスタッフのコラボです。同じ映像でもスタンスが大きく異なるので、異文化が交じり合うことへの期待と不安が押し寄せてきます。

昔は撮影現場でスタッフ間のプライドの衝突がよくあったものですが、さて今回は……。

9月10日

ついにクランクイン！
順調な滑り出し！
スタッフ全員が厳しいスケジュールであることを認識してくれているので、動きに無駄がない感じ。

本作でキーになる屋根の上の撮影……が、人が登り過ぎて屋根が抜けそうで……怖い！

特段の協力をしていただいている井川町役場の皆さま、服装が信号機

のようになっていたので記念に一枚。

初日から柳葉敏郎さんの出演シーンが目白押しでした。浮足立っている若いスタッフに気軽に声をかけてくださるなど気遣いも一流！ そこにいていただくだけで、現場に落ち着きが生まれる……恐れ入りました。

さて、明日のお天気が心配に……。

9月11日

朝から天気予報、雨雲レーダーとにらめっこ。雨が降り出す前に奇跡的に撮影が……できなかった（涙）。

雨の合間に1シーンだけ撮って、昼間の撮影は中止。中止を決めて、スタッフとキャストが宿舎に帰ると、なぜか雨が止んだ。

いやいや、どの天気予報も雨が強くなる予報でしたのに。雨雲レーダーにも反応していたのに……。いったいどうすれば良かったのかとスケジュールを立てている助監督さん、眉間にしわをよせて自問自答です。

中止と言っても後日に延期するだけなので、後半のスケジュールが早くも心配になってきました。

9月12日

よく晴れて、田んぼのシーンはどれも素敵なカットになりました。モニターを見ていなくてもいいカットが撮れていると分かるほど、スタッフの表情も明るい。

が、問題は山盛りで、スケジュールはパンパン！　太陽は待ってくれ

ません！

秋は日が落ちるのも早い！　日没までであぜ道で粘ります。

大勢のスタッフが田んぼにいるからドローンで撮ってもスタッフが写るのでは……と心配しますが、きっと杞憂ですね……。

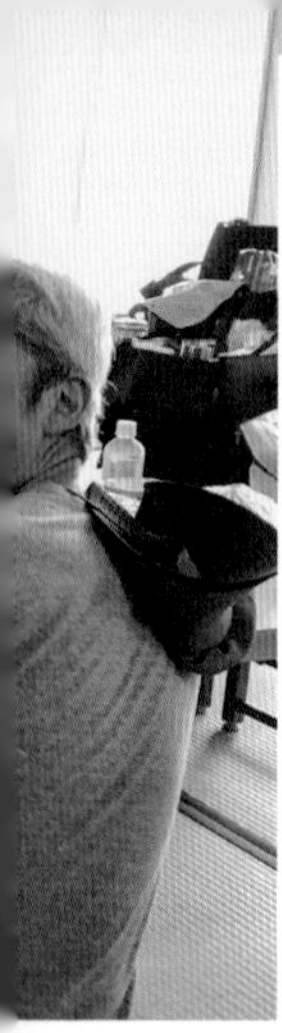

9月13日

日の出から日没までぶっとうしの撮影。かなりせわしない撮影でしたが、スケジュール通りに撮り切ることができました！

　ありがとう太陽！

　ありがとうスタッフの皆さん！

　優しいスタッフの皆さんが文句ひとつ言わずに奮闘！

　明日は撮影休暇返上で、雨で飛ばしたシーンを回収予定です。田んぼシリーズの撮影では、地域の公民館を基地としました。お昼ご飯は基本はロケ弁……なのですが、毎日地域の皆さまからの炊き出し（芋煮、天婦羅うどん、そうめんなど）やデザート（スイカ、キュウリ、饅頭など）をご提供いただきました。自然と笑顔が出る素晴らしい現場は、こうした皆さんに支えられています！

　クランクイン翌日に雨が降った以外、今回の撮影はほぼ快晴でした。日本列島を台風が二つも通過するのに秋田は晴天。成田監督に聞くと「僕の撮影現場はたいてい晴れるんです」とのこと。晴れ男はありがたい。複数のスタッフに天候の話題を

振ると、たいてい「僕が行くロケはだいたい晴れなんです」と言いますが……。ともかく、美しく、おいしく、穏やかな現場でした。

9月14日

お天気に恵まれ、本日までの撮影予定をほぼ消化！　屋根の上のシーンもほぼ取り終えました。

ふと周囲を見回すと、稲刈りがあちらこちらで始まっていてハッとする。稲刈り前の風景と稲刈り後の風景はまったく異なるので、映像がつながらなくならないか……スタッフが心配そうな表情を見せる。

田んぼのシーンがかなり残っているので、稲刈りとの競争になりそう。

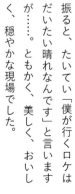

9月15日

ついに教室ブロックに突入。

旧井川小学校を「鷲谷中学校」に見立てての撮影です。生駒里奈さんがクランクイン!

オーディションを経て出演を希望した皆さん、そして、井川義務教育学校の生徒の皆さんにも協力していただき、リアルな学校生活が描けたと実感。成田監督の細かい指示にも真剣に耳を澄ませ集中している皆さんの表情に感動です。

この日は、台本約15ページ、約80カット……この数字は映画やドラマのスタッフなら分かるはず、ゾッとするボリュームの撮影でした。毎日が綱渡りですが、全力で駆け抜けました!

元気の源は、柳葉さんが差し入れてくださった秋田名物・稲庭うどん! 突然目立つ色のトレーラーが来たのでびっくりしました。

9月16日

毎日夜遅くまで撮影。撮影が終われば翌日の準備です。無尽蔵な体力を誇る助監督の皆さんも、ふとした瞬間に寝落ち……。お疲れ様です。

9月17日

きりたんぽの撮影日。

脱走した鶏をつかまえるのも、きりたんぽを焼くのも、鶏ガラを煮るのも、なぜか監督補佐の高明さんの仕事。何でもできる人だからあらゆる仕事が押し寄せる。

体力が限界に近づくと、普段温和なスタッフからも愚痴がチラリ。厳しいスケジュールの中で、つねに感謝の気持ちを持ち続けるのはなかなか難しいと感じた日でした。

9月18日

田んぼの真ん中で撮影中。

死角がないので機材とスタッフを運んだら車両は遠くの駐車場に戻ってしまう。トイレやちょっとした機材を取りに行くのに自転車が大活躍。……でも、その自転車は、劇用のものですけど。

柳葉さんの芝居を間近に見る。やはり名優の芝居には心震えます。

「今日の芝居を見ただけでも、この作品に関わった意味がある」

監督補佐の高明さんの名言です。

ロケ用にお借りした田んぼの隣が、そろそろ稲刈りが始まる様子！ ヤバい！

9月19日

この日は田んぼで大勢が出演する場面。秋田のみならず、関東からも関西からもこの映画に出演するために来た若い皆さん、目が輝いていて、芝居がつくられていく様子を見ているだけで清々しく楽しい。

今日で最後の撮影の皆さん、ぜひ秋田を楽しんでお帰りいただきたい

と思います。

深夜まで撮影を行い、明日は午後から。半日の休みがこんなにも嬉しいなんて……。

9月21日

連日のナイターで、スタッフの疲労もＭＡＸに。

9月22日

旧井川小学校での後半ブロックの撮影。台風が秋田を直撃しそう。風が強い。どうか無事撮影ができますように、祈ることしかできない。

この日は、監督補佐の高明さんの誕生日。お昼休みにお祝い。おめでとうございます。で、何歳になったのでしょうか？（見かけより若いそうです）

この作品のクライマックスとも言えるシーンの撮影。成田監督のこだわりは強く、なかなかOKが出ない。予定を大幅にオーバーしたにもかかわらず撮りきれず宿題を残してしまう。これも映画。産みの苦しみがやって来た。が、これを乗り切ればクランクアップが見えてくる！

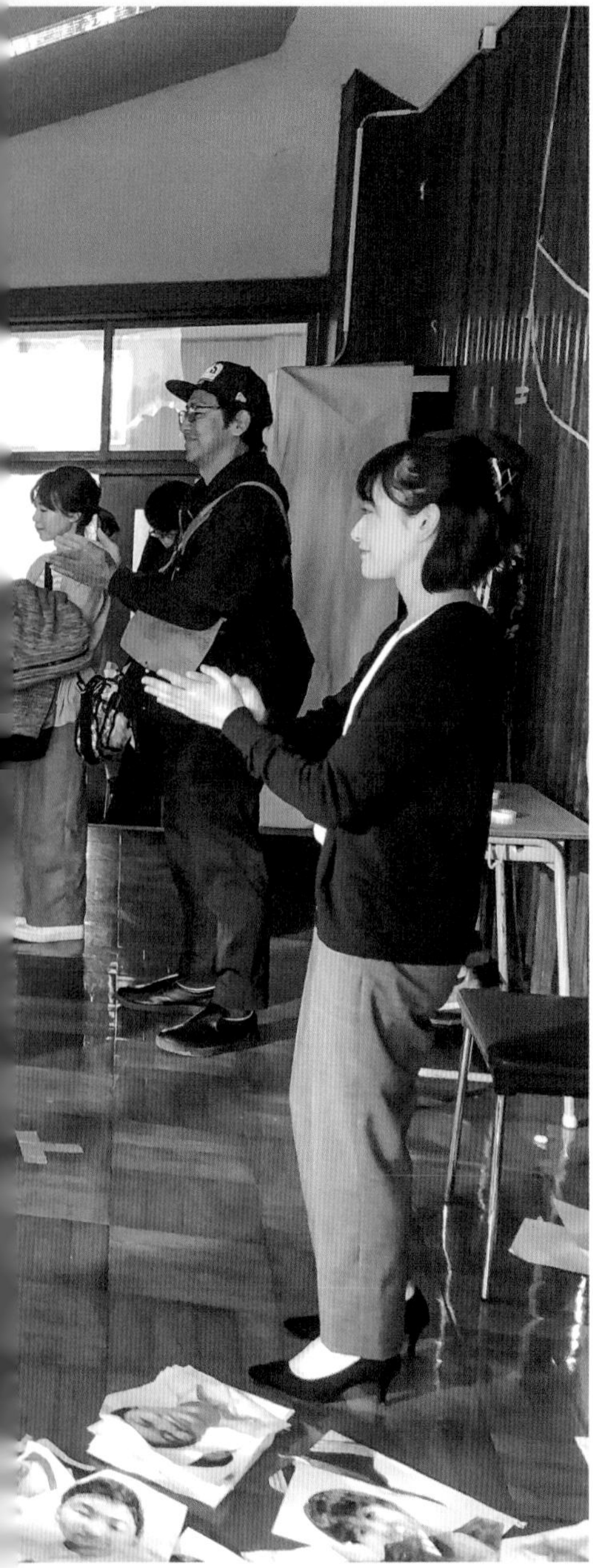

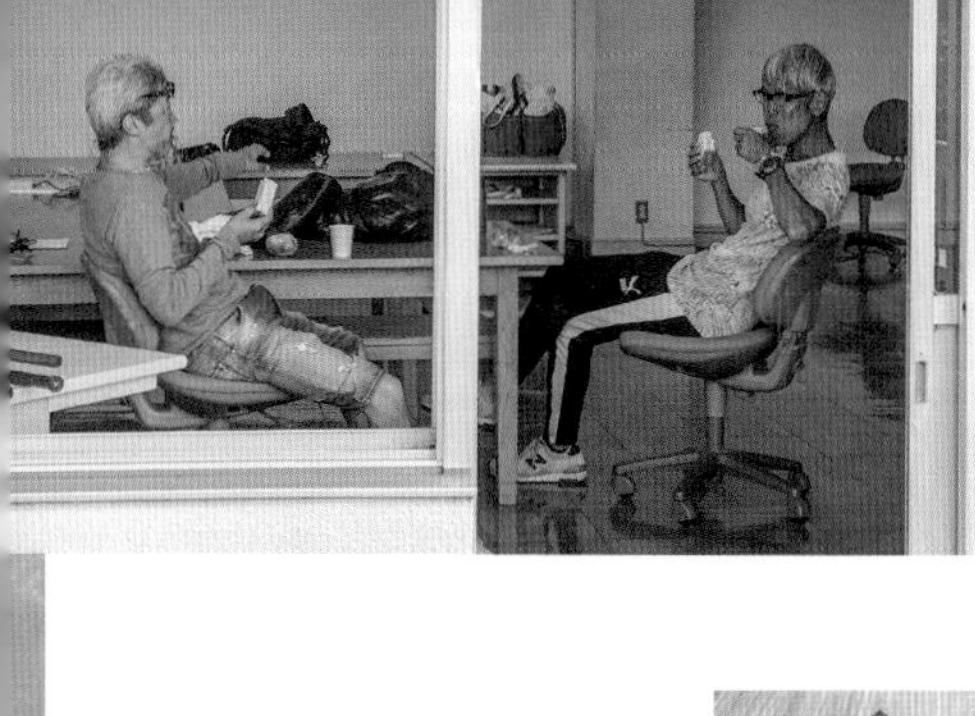

こうめい
Happy
Birthday

9月23日

お天気の神様に思わず感謝。雨が時々ぱらつくものの、ギリギリかわしながら撮影は順調に進行！

今日は、生駒里奈さん、中島セナさんのアップ！

お疲れ様でした！

9月25日

本作には20歳前後のインターン生が、関西や九州の専門学校、大学から参加しています。撮影が進むにつれて、立派な職業人としての佇まいをまといはじめます。暗闇でお弁当を食べる姿も様になってきています。

9月26日

稲刈りシーンは、最新型のコンバインが活躍して無事終了。本日で、お芝居の撮影が全てアップしました。撮影の中で、体力も気力も次第に擦り減っていきますが、それと比べ物にならないプレゼントをもらっている気がします。擦り減ってなくなる前に踏み出す一歩。

目の前のことを頑張って、さらにその先を見据えていくために何をしなくてはならないか、映画をつくり続ける限り、自問自答は永遠に続きます。

9月27日

ついにクランクアップ！

走り抜けた17日間でした。

井川町農村環境改善センターにて打ち上げ！　いろいろありましたが、終わればみんな笑顔に！

成田監督も感無量の表情でした。

Scenario

映画「光を追いかけて」を読む

「光を追いかけて」シナリオ

1　鷺谷中・教室・ノート

鉛筆がノートの上を走っている。

学校と思われる建物に巨大な隕石が炎を引きずりながら落ちてきている絵が完成されていく。上手い。

彰M「地球なんて隕石が落ちて無くなってしまえばいいのに」

2　同・教室

窓際に座っている彰(14)、ノートから目を上げて空を見る。窓越しの空。どんよりと曇っている。

終業ベルが鳴る。

美晴「はい、じゃぁ終わります」
沙也加「起立！　礼！」

ぞろぞろと部活や下校で出ていく生徒たちのざわめき。放課後に向けて楽しそうな声が聞こえる。

彰、うつ伏せになり、人の気配を感じなくなってから、ゆっくりと体を起こす。

誰もいない。

教科書をカバンにのろのろとしまい、出ていく。

3　同・廊下

リュックを背負い、一人で歩いている彰。

中庭、小柄な田村翔太(14)が、三浦直樹(14)と泉家仁史(14)、その取り巻きにプロレスまがいの技をかけられている。

無理に笑顔を作っている翔太。

彰と目があう。

彰「……」

彰、目をそらす。

4　同・昇降口・前庭

担任の奈良美晴(23)と村上沙也加(14)が、転校していく後輩女子A親子と挨拶をしている。

女子Aの母「お世話になりました」
女子A「先輩……ホントに今までありがとうございました……むこうでも、ゼッタイ連絡します！」
沙也加「うん、私もする。ていうかこっち来るときは教えて」
女子A「はい、じゃ！」
美晴「頑張ってね！」
沙也加「(美晴を一瞥する)……」

美晴、沙也加に作り笑いを返す。

後輩女子A親子去っていく。

校舎の壁に貼られている大きなプレートを脚立に乗って「8」を「7」に替えていた玖島茜(14)と幸坂愛(14)も後輩女子Aに手を振る。

「また遊ぼうね！」など。

沙也加「……」

沙也加、茜たちのところに合流して、いつまでも手を振る後輩女子Aの後ろ姿をじっと見送る。

彰がやってくる。美晴、彰に気づいて、

美晴「部活見学しないの？」

美晴に声をかけられる。

急に声かけられて焦る彰。

彰「あ、入らないと思います」
美晴「そ、さようなら」
彰「……さようなら」

去って行く美晴。

彰、見送り歩き出す。

愛「(彰を見て笑いながら)暗っ」
茜「(彰を見て)中島だっけ？　あいつ手伝えないかな」
沙也加「閉校祭だよ。最後の文化祭だよ。(彰を見つめ)転校して来たばっかの人には、やって欲しくない……」

校舎壁の大きなプレート。

『閉校祭まであと37日』

5　田圃道

収穫間近、ゴールドに輝く稲穂の絨毯が広がっている。その中を憂鬱そうに自転車で走っていく彰。

6　秀雄の休耕田　付近～休耕田

あぜ道に軽トラとJAの車が止まっている。

雑草が伸び放題の草地。

彰、そのそばを走る。

佐藤秀雄(59)が立ち、草地を厳しい顔で眺めながらJA職員の竹田(32)と話している。

竹田「田んぼはまだわがるども、ここだば遊ばせでる土地だがらな……たいした金にはならねど思うや」
秀雄「……まんつな」

彰、横目で見ながら走っていく。

7　秀雄の家　付近～家

彰、その先の農家の屋根の上に人影を発見する。

近づいていくにつれて、次第にはっきりしてくる。

岡本真希(14)が屋根に立っているのがわかる。

髪が風でなびいている。

8　秀雄の家・前

彰、自転車を止め、真希を見つめる。

真希、彰に気づき、振り返りじっと見る。

一瞬見つめ合う二人。

彰、その強い目に思わず目をそらす。

と彰のそばに滑り込んでくる軽トラ。

秀雄が降りてくる。

屋根の上の真希に、

秀雄「真希！　あど帰れ！　送っていぐや！」
彰「！」

秀雄、彰に気づきジロリと見る。

目を逸らし、自転車を漕ぎ出す彰。

真希、遠くなって行く彰を見送る。

風で髪がなびく。

9　彰の家・全景(夜)

昭和に建てられたと思われる古い二階屋。

居間に明かりが灯っている。

10　同・台所(夜)

祖母の中島美佐子(67)が、台所で晩御飯の支度をしている。

美佐子「彰～！　食べるや～！」

返事がない。

11　同・居間(夜)

彰、階段から降りてくる。

良太がPCに向かい、何やら打ち込んで

いる。

良　太「（PCから目を離さず）返事くらいしろよ」

彰「……」

美佐子「（まだPCに夢中な良太に）良太！　えかげんにせや、あど食《く》や！」

良　太「（画面から目を離さず）仕事だって」

×　×　×

三人、晩御飯を食べている。

美佐子「役場はなんとだ？」

良　太「……いい感じだ」

美佐子「しっかりやってけれや。とさんのおがげで雇ってもらってらんだや、顔潰さねでけれや」

良　太「（仏壇をちらっとみて）わがってるって」

美佐子「おいだばしょしてあるがいねって。いいふりこいで東京さ出て行って、結局なんもさねでけってきて……」

良　太「（うんざりして遮って）彰！　ちょっといい？」

良太、PCを開いて、

良　太「閉校後の校舎をさ、どうするか考えてんだけどさ、例えば……ミュージックビデオのロケ地にするとかどうよ？　ほら、よくあるだろ、なんか学校で歌ってるいいかんじのやつ」

彰「（興味なさそうに）いんじゃない」

良　太「お前、もうちょいさ」

彰「（黙々と食べている）俺の学校じゃないし……」

良　太「いや、お前の学校だろ」

彰「……」

美佐子「（心配そうに）学校なんとだ？」

彰「……フツウ」

良　太「（PCを仕舞いながら）東京と違ってのんびりしてんだろ？　それでも学力テストやると秋田はレベル高いんだよなぁ」

彰「（黙々と食べる）……」

良　太「……彰はさ、こっちの方が合ってると思うよ。うん、大丈夫大丈夫！」

彰「（黙々と食べる）……」

美佐子「（彰の顔色を見て）……やっぱり東京の方がいんだが？」

良　太「そんたごどいうな！　なぁ？」

彰「（水を飲み干し）ごちそうさま」

彰、カレイの煮付け、ヒジキなど半分ほど残している。

良　太「（それを見て）お前……」

彰、逃げるように居間を出て、階段へ。

良　太「（美佐子に）変なごどいうなや。やっと連れてきたんだや」

12　同・二階廊下突き当たり（夜）

美佐子の声「明日、ハンバーグどが買ってきた方がいいべが？」

良太の声「いって！　もうわらしでねんだや」

美佐子の声「んだども、半分も食べでねがらよ……」

良太の声「いって！」

二階に登ってくる彰。

開けられてない引っ越し用段ボールが隅にいくつか重ねられている。ギターやアンプ、楽譜も。

彰、忌々しそうにそれらを見つめる。

13　欠番

14　東京・団地・リビング（夜・回想）

パジャマ姿の彰、ぼう然と立ちすくみ、帰宅したばかりの良太を見つめている。

良太、スマホで何度もかけているが繋がらない。

テーブルの上には離婚届。妻のサインと判子が押されている。

良太、彰を見て無理に笑顔を作っている。

良　太「ははは、ホントに出て行っちゃったみたい」

彰「……」

ソファの横にある使い込んであるギターを手に取り、適当な節をつけて歌う。

良　太「♪才能なかったー！」

彰「……」

彰、部屋を出ていく。

良太、見届けて、

良　太「限界だ……」

14A　同・廊下

彰「……」

彰、呆然と立ち尽くしている。

15　彰の家・部屋（戻って）

彰「ふざけんな……」

窓を開けて、空を見上げる。

星が綺麗。

屋根に出ようと足を伸ばしてやめる。

彰「……」

16　鷲谷中・教室

出席を取る美晴。

彰、ノートに何やら描いている。

美　晴「……上田新」

上　田「はい」

美　晴「江崎紀子」

江　崎「はい」

美　晴「岡本真希」

返事がない。

美晴が真希の席をチラっと見る。

スルーする生徒たち。

美晴、手慣れた感じで出席簿に斜線を引く。岡本真希の欄が斜線で埋まっている。

ノートに絵を描いていた彰、誰も座ってない真希の席をチラッと見る。

美　晴「加藤充……」

彰、屋根の上に立っている女の子の絵を描き続ける。

17　同・教室・昼休み

クラスには、閉校祭の打ち合わせをしている沙也加と愛と茜、「ぼっち」の翔太、そして彰だけ。

沙也加と茜、愛、ノートを囲み、話し合っている。

ノートには何やらアメーバみたいな絵を沙也加が描いて説明している。

彰、窓際で一人絵を描き続けている。

翔　太「それって岡本？」

振り向くと、小柄で愛想笑いをした翔太がモジモジして覗き込んでいる。

彰「え？」

翔　太「（空いている席に目を移し）それって岡本真希だよね。海七が沢でしょ？　ここ」

沙也加たち、その声に反応して彰たちを見る。

彰「……そうかな」

翔　太「いや、そうだって！　あいつよくさ、おじさんちの屋根の上にいるからすぐわかった。おかしいでしょ、屋根の上って！」

彰「……」

翔　太「あいつ、マジでやはいから関わんない方がいいよ」

彰「……？」

三　浦「翔太くん、ついに友達ゲット～！」

ビクッとする翔太。

教室に入ってきた三浦、泉家と取り巻きが囃し立てながら彰たちのところにやってくる。
三浦「うわ！　うま！」
三浦、ノートを奪うように取り上げる。
と、三浦の手から強引にノートを奪い返しにいく彰。三浦の手にあたり、
三浦「いってー！」
渡さない三浦。
足早に駆け寄ってきた沙也加、
沙也加「(ノートを取り上げて)やめなよ」
低いが威圧感のある声でたしなめる。
茜と愛も後に続いている。
舌打ちをしながら離れていく三浦たち。
沙也加「！……」
沙也加、彰のノートを見てその絵のうまさに思わず彰を見やる。
覗き込んでいた茜と愛、
愛「わ、うま！　てか、真希じゃん！」
沙也加、彰にノートを返す。
茜「あのさ、閉校祭あるの知ってるよね？」
愛「私たち、実行委員やってんだけど、なんか描けない？」
彰「……？」
茜「ステージの壁に大きな絵を描いたらどうかなって話してたんだよ、ね！」
沙也加「(遮って)学校に思い出が無い人には無理だと思う……(彰を試すようにじっと見る)」
彰「……例えば……どんな絵？」
茜「こんなの(沙也加が描いた絵を見せる)」
アメーバにしか見えない絵を見て戸惑う彰。
沙也加、慌ててノートを取る。
彰「……今の何？」
盗み見ていた三浦たちが笑う。
睨みつける沙也加。
愛「(沙也加を気にして)……鷲」
茜「鷲だよ！　この中学のっていうか町のシンボルだよ！」
愛「わかるじゃん！」
彰「……」
いきなり鷲の絵をサッサと描き始める彰。うまい。
「すごくない？」「うま！」など、驚く茜と愛。
彰「……やってみる」
茜「お！」
愛「(沙也加に)いんじゃない？　ね、いいよ！」
茜と愛、沙也加の顔色を窺う。
沙也加「(強く)いいけどさ、いい加減な気持ちでやんないでよ」
彰「……」

18 秀雄の家・庭

ＪＡの車が止まっている。

隣の小屋には、コンバイン。

19 秀雄の家・居間

秀雄、ＪＡ職員竹田(32)と話している。
見積書の項目に『コンバイン』と記されてある。
竹田「(見積書に書き込みながら)せば、稲刈り終わったら取りに来るす」
秀雄「(明るく)へば、頼む」
竹田「とりあえず、手付けだす」
秀雄、封筒を受け取り、ポケットにしまい込む。
秀雄「お、わりな、あどよ……田んぼの方も探してけねべが」
竹田「……秀雄さん、どっかわりんだが？」
秀雄「なしてよ？」
竹田「んだって、遊ばせでる土地だばわがるども、コンバインも田んぼも売らんだべ？　宝くじあだったが、体壊したがしかねべしゃ」
秀雄「……」
竹田「……妹さんだが？」
秀雄「……まずいろいろだ。頼めるが？」
竹田「……わがったす！」
竹田、立ち上がりながら仏壇にある秀雄の妻の遺影を見やる。
竹田「秀雄さん、痩せだんでね？　ままなとしてるなや？」
秀雄「なんと、慣れだもんだ。チャーハンどが、かなりうめや」
竹田「ほんとにが？」
秀雄「今度、食ってみれって！」
竹田「一年も経てばそうなるべな、ははは」

20 秀雄の家・小屋前

竹田、車に乗り込みながら、
竹田「せば！」
思い出したように、
竹田「良太、息子連れで帰ってきてるや」
秀雄「……なして帰ってきたのや」
竹田「限界だったんでねがな？　いろいろ」
秀雄「……」
竹田「せば！」
秀雄「んだな！」
秀雄、去っていく車を見送る。厳しい顔に。

21 欠

22 鷲谷中学・女子更衣室

体育着から制服に着替えている女子生徒たち。

女子生徒たち「キャー！」

学生ズボンが投げ込まれる。

ズボンをつまみ、鬼の形相の沙也加。

23 同・廊下

廊下を笑いながら駆けていく、制服姿の三浦と泉家。

24 同・男子更衣室

体育着のまま、ズボンを探している翔太。着替えながらそれを見つめる彰。

25 同・職員室

美晴、スマホで企業のエントリーシートを埋めている。

沙也加、学生ズボンをつまみ、茜と愛を従えて勢いよく入ってくる。スマホ画面を閉じる。

沙也加「(学生ズボンを差し出し)更衣室に投げ込まれました。たぶん田村くんのです」

同僚の佐々木勝(27)が声を上げる。

佐々木「(美晴を見て嫌味っぽく)また田村ですか」

他の先生と話している加賀屋悦子(28)が見る。

美晴「(ズボンを受け取って)わかりました。あとで……」

沙也加「(遮って)これで3度目です。奈良先生、これいじめですよ」

先生たちが見る。

沙也加「……失礼します」

言葉を飲み込み、愛、茜とともに出て行く沙也加。

悦子「(そばに来て)また田村翔太ですよね？大丈夫？」

美晴「(笑顔を作って)はい、まだ大丈夫かし

「……」

佐々木「(笑いながら)まだって……」

悦子「(佐々木をチラッと見て)……あと、先生とこって岡本真希もいますよね」

美晴「はい、(笑顔を崩さず)それは、時々家庭訪問してますので」

悦子「(心配そうに)時々っていつ行ったの?」

美晴「……」

黙る美晴。と、

翔太「すいません……」

翔太が、泣きそうな笑顔を作って入ってくる。パンツが体操着のまま。

25A 秀雄の家・小屋前

軽トラで出かけようとしている秀雄。

屋根の上に大声で声をかける。

秀雄「消防さ行ぐども、帰るんだば、えさおぐってぐや!」

むくっと屋根から顔を出す真希。

25B 同・軽トラ車内

秀雄、乗って待っている。

真希乗り込んでくる。

秀雄、ポケットから封筒を出して真希の膝の上に載せる。

真希、ちらっと封筒の中を覗く。10枚ほどの万札が見える。

真希「おじさん……なにこれ?」

秀雄「かっちゃささわだしてけれ」

秀雄、黙って車を出す。

26 同・屋上中庭

沙也加、茜、愛が手すりにもたれて話している。

茜と愛、口々に「奈良、やっぱ、ダメだわアイツ」

「やる気なさすぎ!」

沙也加「……校舎ってどうなるんだろ」

茜「取り壊しじゃないかな」

愛「マジ?」

茜「だって、維持費とかお金かかんじゃないの?」

愛「……まぁね」

沙也加「……」

三人、黙って校庭の風景を眺める。

27 同・自転車置き場・放課後

彰、ため息をつき、自転車のカゴにカバンを入れる。

出ようとした時、翔太、トボトボと歩いてくる。

彰に気づき、臆する。

彰「……ズボンあったの?」

翔太「……うん!(引きつった笑いを浮かべ寄ってきながら)戻ってきた。へへ」

彰「……」

彰、コソッとポケットからガムを取り出して一つ翔太に差し出す。

彰「いる?」

嬉しそうに受け取る翔太。

翔太「(笑って)東京の?」

彰「(クスッと笑い)どこでも売ってるよ」

翔太「そっか! だよなー!」

28 田圃道

自転車で並んで走る彰と翔太。

翔太「どんな絵にすんの?」

彰「……」

彰、わざとスピードを上げる。追う翔太。

さらにスピードを上げる彰。

彰「(笑って)おそ!」

翔太「言うねー! 本気見せてやるよ!」

黄金色の田んぼの中を、二人で競うように全力で走る。楽しそう。

29 真希の家前

秀雄の軽トラから降りる真希。

軽トラ、走り去る。

30 同・勝手口付近

真希、中に入ろうとした時、電話の音が聞こえる。

窓から覗く真希。

居間で父親の岡本隆司(48)、電話が鳴り響く中、俯いて座っている。

真希、ポストに秀雄からもらった封筒を入れて、出ていく。

31 田んぼのあぜ道

真希、表情がない。

ふわふわと踊るようにあぜ道を進んでいく。

32 国道沿い

パラソルの下。

ピンクと白のシャーベットで花のように盛られた『ババヘラアイス』をおばちゃんから渡される彰。

おばちゃん「はいよ!」

彰「うわ!」

おばちゃん「(わかりにくい秋田弁で)初めてだが? ババヘラアイスってよ、ババがヘラで盛り付けるがらババヘラアイスって言いわんだや」

彰「(理解できずに困って)……うま!」

翔太「ババヘラアイスって、ババがヘラで盛り付けるからババヘラアイス。そう言うこと言ってる」

彰「あぁ」

おばちゃん「(わかりにくい秋田弁)秋田弁わがらね? こっちの人でねべ?」

翔太「(おばちゃんからアイスを受け取って)んだんだ、東京から転校してきたんだ」

おばちゃんが秋田弁し、東京から来た彰を褒めるようなことを言って笑う。キョトンとする彰。

翔太「わかんないよね? ははは!」

二人、楽しそう。

33 田圃道(夕)

並んで走る彰と翔太

翔太、勢いよく角を曲がる。

追っていた彰、曲がりきれずに通り過ぎる。

翔太、急ブレーキで止まり、彰を振り向いて、

翔太「近道!」

彰「(笑顔になって)オーケ!」

翔太「(彰の背後に広がる空を見て)?」

彰「(振り返り、翔太の視線の先を見て)?」

翔太「……人工衛星?」

何かを目で追う二人。呆然とする二人。

彰、スマホを取り出し、写真を撮ろうとするが逃す。

翔太「消えた……」

彰「……あ」

また現れた何かに気づき、自転車に飛び乗る彰。

走り出す。

翔太「……！」
　彰を追って翔太も続く。

34 鷲谷消防署全景（夕）

　駐車場に秀雄の軽トラが止まっている。

35 同・監視室（夕）

　シゲ（28）が暇そうに座っている。
　秀雄が隣の席で作業をしながら、
秀雄「緊張感ねなー！」
シゲ「（顔をこすりのんびりと）顔洗ってくるす」
　シゲ、立ち上がって出ていく。
　出ていくシゲを見送り、窓からゴールドに広がる田んぼを見つめる秀雄。
　と、空に何かを見つける。
秀雄「？」
　それを目で追う秀雄。しばし呆然。

36 田圃道

　自転車で走る彰と翔太。
彰「！」
翔太「！」
　山林の向こうに光が消えたのか、顔を見合わせる二人。

37 同・監視室（夕）

　秀雄が呆然としている。
　シゲが帰ってくる。秀雄を見て、
シゲ「……なしたすか？」
　救急電話が鳴る。
秀雄「（電話を取り）はい、119番です……はい……はい？」
　紙に『緑の光』『ＵＦＯ』とメモっていく。
　別の電話が鳴る。シゲが慌てて取る。
　電話が鳴り止まない。
　秀雄、空を見上げる。

38 秀雄の田んぼ・ミステリーサークル（夕）

　道路からちょっと入ったあぜ道に、彰と翔太の自転車が転がっている。
　彰と翔太、あぜ道にちょっと入ったところで、田んぼの一点をじっと見つめている。
　腰ぐらいの稲を分け入っていく彰。
翔太「やめなよ！」
　あぜ道にとどまりビビってる翔太。
　直径4ｍほどの穴が空いているのが見える。
　稲が同心円状に綺麗に倒れているのが見えてくる。
彰「うそでしょ……」
　彰、立ち止まり、スマホを出して写真を撮る。
　さらにビデオモードにして、撮影しながら入って行く彰。
　翔太、離れたところからハラハラして見ている。
彰「！……」
　ミステリーサークルの真ん中、真希が大の字になっている。
　美しい。
　見とれる彰、スマホを下ろす。
　と、真希、ムクッと起き上がる。
彰「ひっ！」
　真希、彰に近づく。下がる彰。
真希「（まっすぐ彰を見て）誰にも言わないで」
彰「……」
真希「ここのこと誰にも言わないで」
彰「……これって君が作ったの？」
　真希、黙って首を振る。空を見上げる。
　彰も見上げる。
真希「約束だよ」
彰「……（うなづく）」
翔太「すげー！　なにこれ！　すげー！」
　いつの間にかきていた翔太、スマホを取り出して、写真を撮ろうとする。
　真希、猛然と翔太に走り寄り、小柄な肩を掴み、
真希「言ったら殺す」
　怯える翔太。
翔太「……（うなづく）」

39 同・空撮（夕）

　ゴールドに輝く田んぼ。

　その中に円形状にポッカリ空いているミステリーサークル。カメラ引いていく。

　真希と彰が農業用のシートを持って画面の中に入ってくる。シートで覆われていくミステリーサークル。

　タイトル
　　『光を追いかけて』

40 同・彰の部屋（夜）

　机の上に突っ伏している彰。

　ノートに描きかけの鷲のデッサンの数々。

　鉛筆を持つ手が止まっている。

彰「ダメだ！」

　ベッドに寝転ぶ。スマホを取り出す。

　ミステリーサークルで撮った真希の動画をじっとみている彰。

　彰、急に思い立ち、机に向かい、新しいページにミステリーサークルのような大きな円を描く。

美佐子の声「彰！　ご飯だよー！」

彰「……」

　取り憑かれたように黙々と描く彰。

41 星空

　満点の星空。

　流れ星が煌めく。

42 真希の家（夜）

　玄関の呼び鈴を押す美晴。クリアファイルを持っている。

　誰も出ない。

　電気がついていない家。

　諦めて車に乗り込もうとする。

43 ガソリンスタンド（夜）

　給油機が一つしかないごく小さなＧＳ。

　『岡本石油』と書かれたワゴン。

　農家と思われる老人のスーパーカブにボーっとしてガソリンを給油している岡本景子（45）。

　美晴、スタンドの前を、探るようにゆっくりと通る。

　離れたところに車を入れる美晴。

44 同・事務所内（夜）

　隆史がペコペコしながら、スーツ姿の男二人に、
男Ａ「（立ち上がり）岡本さん、わりすども来週末が期限だすもの。これ以上は力になれねすな」
隆史「はい、もうしわげねす。ホントにもうしわげねす。もう少し延ばしてもらえ

すか……なんとが二、三日だげでも」

男A「（ギロッと見て）……あだばよ、見通しがあめど思うや、こんたら場所で……（外を見やって）こうなるに決まってるべしゃ」

隆史「……」

帰る男たち。

45 同・外（夜）

事務所から男たちが出てくる。
愛想笑いをしながら追いかけてくる隆史。
ガソリンを入れていた景子の手が小刻みに震え、ガソリンを車にかけてしまう。

老人「ちょっと……」

景子「……（震えが止まらない）」

老人「ちょっと！」

隆史「！」

隆史がホースを受け取り、給油機に戻す。
カブを懸命にタオルで拭く隆史。
男たちが、無表情で見ている。

隆史「もうしわげねす。金はいらねす……」

老人「……あぶねや」

隆史「もうしわげねす」

男「……せば」

隆史「よろしぐお願いするす……」

美晴、車内からその様子を見ている。
男たちの車が出ていく。
長い間、頭を下げている隆史、顔を上げて景子を見やる。表情のない景子。
隆史、腕を取り放心状態の景子を事務所に連れて入る。

美晴「……」

美晴、車を出そうとして、ギアを入れて、正面を見ると真希が車の前に立っている。

美晴「！」

驚き、ドアを開けて車を出る美晴。

美晴「……（笑顔を作って）ごめん、びっくりしちゃった！」

真希「……」

美晴「おうち行ったんだけど留守だったからこっち来てみたんだけど、会えて良かった！　よかったよかった！」

真希「……」

美晴「……学校は、どう……かな？　来れそう？」

真希「……」

美晴「どうだろ、一度来てみない？　春には閉校になっちゃうし……みんな待ってるよ」

真希「誰が？」

美晴「……誰がって」

真希「誰が待ってるの？　私のこと待ってる人がいるんだ？」

美晴「（誤魔化すようにプリントが入ったクリアファイルをカバンから取り出しながら）クラスみんなが待ってるって！　とりあえず、連絡事項とか、プリントとか、そういうの渡しとくね……」

真希「（遮って）いらない」

美晴「……そ……わかった、預かっとくね（時計を見て）じゃー……また来るね」

美晴、車に乗り込もうとしながら、

美晴「でも、会えてよかった、ちょっと安心、ははは」

真希、美晴の背中を睨み、

真希「逃げるんだ？」

美晴「！（振り返る）……」

美晴、諦めて車の中に乗り込もうとする。

真希「もう来なくていいから」

真希、踵を返し、ガソリンスタンドの事務所に向かおうとして、

真希「（振り返り）ねぇ」

美晴「なに？」

真希「UFO見た？」

美晴「？……」

真希、やっぱりという感じでニヤッとし、去っていく。
美晴、車の中に戻り、ドアを強く閉める。
事務所の中に入っていく真希を車内からじっと見る。

美晴「……」

車を出す。

46 秀雄の家・居間（朝）

秀雄、新聞を読みながら入ってくる。
新聞を置き、台所へ行く。
テーブルの上の新聞。
一面の隅に小さく載っている記事。
『UFOか!?　鷲谷町上空に光る物体目撃！』

47 鷲谷中・教室（朝）

クラスはUFOの話で持ちきり。
茜と愛と沙也加は、熱心に閉校祭の打ち合わせをしている。
スマホのUFO関連の投稿を見ながらテンションが高い三浦と泉家たち。
「すげ！」「消防にも連絡入ったってよ」
「マジか！」

沙也加「……（三浦たちを睨んでいる）」

教室に入ってくる彰、

彰「……（三浦たちを盗み見る）」

席に着きながら誰もいない真希の席を見る。
翔太が、彰に目配せをし、二人だけの秘密と言わんばかりに口元に指を当てて見せる。
彰は曖昧に笑顔を返し、沙也加たちのところに行き、カバンからノートを取り出して見せる。
驚き、彰を誉め立てる茜と愛。

沙也加「いんじゃない」

頷く沙也加。
安心感を得る彰。
それをじっと見つめる翔太。蚊帳の外にいるのを感じる。
美晴が入ってくる。

三浦「先生！　UFO見ました？」

沸くクラス。

美晴「……そういった類は信じませんので。はい、席戻って～」

三浦「つまんねー」

美晴「で、閉校祭まで時間ないけど……村上さん、どうなった？　みんなに報告できるもの……」

沙也加「（遮って立ち上がり）みんな、みんな聞いて！（三浦たちに）うるさい！……中島くんがいいアイディアを出してくれました（彰を目で促す）」

彰、突然言われ、ドキドキしながらノートを持って立つ。

沙也加「中島くん、説明して（座る）」

彰、ノートを掲げる。
一同、ざわつく。「何？」「何？」

彰「（緊張して）体育館の壁いっぱいに大鷲があって……全校生徒の似顔絵でできてます……」

三浦「どういうことよ？」

沙也加「（引き取って）いわゆるモザイクアートです。遠くから見ると、大鷲ですが、近づくと似顔絵になってるんです」

クラスざわめく。「すげー」「おもしろ！」

彰「その大鷲を大きな丸で囲みます。で、中に、稲藁を螺旋状に張り付けます」

三浦「稲わら?!　なんか意味あんの？」

沙也加「（座ったまま）ミステリーサークルです」

一同、ざわつく。「……?!」
彰、少し焦る。

泉家「てか、なんでミステリーサークルなんだよ？」

三浦「（バカにして）ぇ？　UFO出たからってこと？」

沙也加「（強く）シンボルだよ。（彰に）そうだよね？」

彰「……」

48 秀雄の田んぼ（回想）

ミステリーサークルに大の字に横たわっている真希。そして、その美しい顔。

49 鷺谷中・教室（戻って）

彰「ミステリーサークルは……未来を感じます。だから、ここを後にする僕たちの大事な場所として、取り入れたいなと思いました」
「いいね！」一同拍手。
泉家「ちょっと待って！ 似顔絵って中島が描くんだよね？ 俺は無理〜！ 下手だし」
三浦「俺も無理でーす！ 中島くんが一人で全員描けばいいと思いまーす。言い出しっぺだし」
泉家「賛成！ めっちゃ絵うまいし！」
沙也加「待ってよ！（机を叩いて立ち上がる）一人一人が、自分の顔を描くんだよ。それが大事なんじゃん。だから思い出になるんじゃん……」
三浦「（大きな声で遮って）村上さんは、絵がとっても上手だからいいけどさ」
笑う三浦たち。「天才だもんね〜！」
茜「ちょっと！」
沙也加「……」
彰「（沙也加を見て）僕が描きます。全員の似顔絵を描きます」
一同、口々に「マジ？」「すごっ！」
三浦と泉家、「よっしゃ！」と喜ぶ。
美晴「描けるの？」
彰「はい、好きなんで、描くの」
美晴「そ……わかった。じゃあ、お願いしていいね」
沙也加「（怒って）先生！」
美晴「春に撮った全クラスの集合写真があるから、中島くん、あとで職員室に来て」
彰「はい」
沙也加「……」
翔太、彰をじっと見る。

50 居酒屋・個室（夜）

個室の座敷。
校長、佐々木、悦子、男教師A（40）、男教師B（35）が賑やかに飲んでいる。美晴は入り口に近いところでつまらなそうに飲んでいる。
良太、現れる。
良太「遅くなりました！」
悦子「お忙しいところありがとうございます！」
皆、口々に歓迎の言葉で迎え入れる。
悦子「みなさん、改めて紹介します。役場の中島さんです。奈良先生のクラスの彰くんのおとうさんです」
良太「彰がお世話になっております。あ、鷺谷中出身です！」
一同拍手。「おお！」「誰と一緒？」とか盛り上がる。
校長「期待してるす！ 一度外さ出だ人の意見は重要だものな。町どご客観的に見でけるすもの」
佐々木「（美晴に）先生も、東京の大学さ行ってあったすべ？」
悦子「なんで戻ってきたんですか？」
美晴「（愛想笑いをして）なんとなくです」
佐々木「とさんが教育長だからでねすか？」
男性教師A「あ、んだすか、んだすな。そいだば逃げらいねな」
美晴「ははは、まぁ」
良太「……」
校長「まず、えらいど思いますよ。奈良先生のような人だば、もはや（宝）たがらだ。こいがらも秋田のために頑張っていい生徒を育ててけねすか」
美晴「……はい」
悦子「先生って東京に行くんでしょ。時々転職サイト見てますよね？」
一同、驚く。口々に「え？ んだなが？」「まさが？」
美晴、平静を装っておつまみに手を伸ばす。
悦子「いやいや教師やっててもねぇ……いんじゃないですか、転職」
美晴「……」
佐々木「そういうことだすか、なるほどな」
場の空気が重くなる。
良太「……あのー、閉校祭に向けて、役場としても色々考えたんですけど……歌とかどうですかね……」
男教師B「歌だすか？」
良太「実は、ちょっと作ってみたんです。閉校になる日にみんなで歌ったりしたら盛り上がるんじゃないかなって」
一同、「おお！」「さすがミュージシャン！」「いんじゃない？」「プロの生歌だや！」「元プロだべ」盛り上がる。
良太「（小声で）さわりだけいぐす……（てんとう虫のサンバのような曲を満面の笑顔で）♪僕らの幸せ〜運ぶ大鷺〜80年の歴史を〜乗せて羽ばたけ〜」
皆、手拍子、楽しそうに乗っている。
佐々木「（気色ばんで）ちょっとまってけね」
良太「？」
佐々木「閉校って言ってるども、廃校なんだや。学校がねぐなるんだや。おいがだの母校がだや。あだがだやぐばがぼんやりしてるうぢにどんどん人出で行ってこのざまだもの……そんた能天気なうだ、やめでけねが」
良太「……すいません」
佐々木「そもそもよ、あだがだやらねばダメだのって閉校祭より、農業だべしゃ！ 農業がダメだがらみんな出でいってらんだがら」
良太「……」
一同、黙りこくる。
校長「（取り繕うように）まずよ、乾杯してねがったんでね、な！ 乾杯するべ」
教師たち、それに乗って「あ、んだすな」「改めて乾杯するすべ」とか。酒を注ぎ始める。美晴も。
悦子「（佐々木に向かって）じゃぁ、自分はなんかやったの？」
佐々木「どういうごどだすか」
悦子「……こんたごどになってらのに、自分がだはなんもごがねで……やぐばがダメだどが、県がだめだどがが、いっつも人のせいにして……この町をダメにしたのは、わたしがだ教師のせいでもあるんでねのが？」
佐々木「そんたごど言ったって、あど閉校決まってらんだや、今更なんとするって……」
悦子「……せめて、閉校祭だけは成功させてあげたいんです。生徒たちが自分の手でもがきながらやってる最後の文化祭をちょっとでいいから応援してあげたいんです」
佐々木「……」
良太「……」
美晴「……」
一同、それぞれ考えている。
佐々木「……学校がねぐなっても、子供がだがここさ通ったごどを誇りに思ってければ嬉しな」
一同「……」
美晴「……」

51 同・店前（夜）

ご機嫌な先生たち。

在学中の思い出を語り合ったり。「今から校舎行きましょうよ！」「もう閉まってますよ！」「不法侵入！」など。

教師A、Bが空を指差し「UFO！」とか言ってはしゃいでいる。

悦子、美晴の肩を掴んで話している。

悦子「（ちょっと酔っ払って）どうするかはわかんないけど、閉校までは、あんたまだ先生なんだぞ～……（美晴をハグする）」

美晴「はい、ははは……」

悦子「（美晴を離れて、佐々木に）佐々木先生！　佐々木～！　いぐって！」

良太「私は、ここで」

佐々木「（小声で）なんかすいませんでした。今後ともよろしぐ頼むす！」

良太を残し去っていく教師たち。

別の方向に歩きはじめる良太。

51A 寂れた街角（夜）

良太、一人で力なく歩いている。
と、美晴が小走りに追いかけてくる。
良太「？」
美晴「やっぱり帰る事にしました」
良太「そうですか。じゃあ途中まで一緒に行きましょう」
歩き出す二人。
美晴「あ、歌。よかったですよ」
良太「ははは、ありがとうございます……」
美晴「後悔はしてないんですか？……」
良太「めちゃめちゃあります……でも、歌は諦めたはずなのに、歌で皆さんを不愉快にしてしまった……町を良くするために役場に入ったのに……おい、なにやってるんだべが……」
美晴「わたし……東京に残りたかったんです」
良太「……」
美晴「でも、親が許さねくて……教師になって地元のために、子供たちの可能性を伸ばせって。それに人生かげでみれって」
良太「いんでねすか、素敵だと思います」
美晴、シャッターに貼られている『閉店します』の張り紙を見て、
美晴「……だんだんここが嫌いになってくんです……でも、最近は、そいもよぐわがんねぐなってきて……」
良太「……」
美晴「……」
良太「おいも、ここがんたくて出で行ったんだけどな（自嘲するように笑って）」
美晴「……」
良太「……（大きな声で）あー！　おいだば、なんもわがってねなー！」
美晴「……」

52 秀雄の田んぼ・ミステリーサークル（朝）

軽トラを道路端に止めて、車内から窓外をじっと見ている秀雄。

その先に農業用シート。

秀雄「？」

車から降りて、草むらに分け入っていく。

シートを剥がす。

秀雄「！」

ミステリーサークルの存在に言葉がない。

周りを気にし、シートを被せる。

秀雄「……なんだこい」

53 彰の家・彰の部屋（朝）

彰、似顔絵を一枚完成させ、伸びをする。
机の上には、ルーペにスケッチブック。
絵をスケッチブックから切り離し、ベッドの上に。
すでに書き終えられた似顔絵数枚が広げられている。
机の上、先生から受け取った各クラスの集合写真。
欠席したと思われる真希の顔が丸枠の中にある。
ジッと見つめて、
彰「……」
彰、いつものノートとペン入れを持って、階下に勢いよく降りていく。

54 同・居間（朝）

彰がバタバタと二階から降りてくる。

パジャマ姿でPCに向かい資料を片手に農業関係を調べている良太。

彰、そのそばを走って通り、元気よく家外に飛び出す。

美佐子「いってらっしゃい」

彰「いってきます！」

美佐子、彰の思いがけない元気な声に微笑んで見送る。

良太「（玄関を覗き込んで）なんだあいつ？……」

55 彰の家・前（朝）

彰が玄関から出て、ノート、ペン入れを自転車のカゴに放り込む。
と、翔太が自転車に道路でまたがって待っているのを見つける。
翔太「あ、おはよう」
彰「（驚き）なに？」
翔太「この町案内してあげようと思って」
彰「俺ちょっと……」
翔太「（パンフレットを渡して）桜苑知ってる？　めちゃくちゃおっきい公園で、春になると二千本の桜が咲くんだ。で……」
彰「今咲いてないよね」
翔太「そうだけど」
彰「今度にしていい？」
彰、行こうとすると、
翔太「……どこいくの？」
彰「……ちょっと」
翔太「ちょっとってどこ？」
彰「……」
翔太「……岡本のとこ？」
彰「……似顔絵描くから」
翔太「顔見てんじゃん、てか先生から写真もらったんじゃないの？」
彰「……」
翔太「……あいつこの間もやばかったじゃん！　関わんない方がいいって！」
彰「……（自転車を漕ぎ出そうとする）」
翔太「（強く）知ってる？　あいつ、沙也加に飛びかかって怪我させたんだよ！……10針も縫ったんだよ！　で、そのあとさ……」
彰「（遮って）それって、ホントなの？」
翔太「いや、ホントっていうか……彰くん知らないじゃん！　あいつ、すぐキレっから！　学校じゃ有名だから！　マジ殺されるよ！」
彰「でも……ごめん……（漕ぎ出す）」
翔太「……（彰の背中に叫ぶ）ホント、ヤバいんだって！」
ダッシュする彰。
翔太「知らないからな！」
取り残される翔太。
翔太「……」

56 秀雄の田んぼ・ミステリーサークル

彰、自転車をあぜ道に止める。

農業用シートが半分剥がされている。

もしかして真希？　それとも誰かに見つ

彰　かった？

田んぼに分け入っていく。

真希が倒れている。

「岡本さん？　岡本さん？……岡本さん！」

真希、気がつく。


真希　「……寝てた……あー気持ちいい」

気持ち良さそうに伸びをする。

ここが真希にとっての安息の場所であると感じる彰。

真希　「（彰が持っているノートを見つけ）見せて」
躊躇するが、渡す彰。

真希　「上手……」

そこには彰の黒の歴史が。

『町に隕石が落ちてくる絵』

『地球が爆発する絵』

無言で次の絵を見る真希。

『屋根の上で歌う真希』

『ミステリーサークルで大の字になっている真希』

真希　「……何しに来たの？」
彰　「（誤魔化すように）岡本さんの顔……顔を描こうと思って」
真希　「なんで？」
彰　「……閉校祭の絵を描くことになって、で……」
真希　「（遮って）見たんでしょ？　緑の光」
彰　「……」
真希　「わたしも見た」

57 秀雄の田んぼ付近（夕・回想）

真希、空を見上げている。

真希、何かを目で追い走り出す。

58 秀雄の田んぼ・ミステリーサークル（夕・回想）

真希、草の中に飛び込む。

稲を分け入って行くと、円形の空間。


真希　「はぁはぁ……」

空を見上げる。

そのまま倒れこむ。

59 秀雄の田んぼ・ミステリーサークル（戻って）

真希、ノートを閉じ、不意に彰の手を取る。

真希　「手を大きく広げて。もっと！　はい、空を見て。目を閉じて」
彰、真希にされるがまま。

真希　「祈って」
彰　「何を？」
真希　「UFO出てきてって」
彰　「（目を開ける）え？」
真希　「早く！」
彰　「……呼んでどうすんの？」
真希　「乗るの」
彰　「……」
真希　「一緒に乗ろうよ。どっか行こう！」
彰　「……マジで言ってんの？」
真希　「（いたずらっぽく笑って）さ、一緒にやろ！　目を閉じて」
真希も手を大きく広げ、空を見上げる。そして目を閉じる。彰も同じく、目を閉じる。
静か。

彰　「ねぇ」
反応がない。風の音だけ。急速に心配になる彰。

彰　「岡本さん……岡本さん！」
思わず目を開けると、目の前すぐのところに真希の顔が。

彰　「うわ！」

ひっくり返る彰。笑い転げる真希。

立ち上がって、ミステリーサークル内を、手を広げて踊るように歩き回る。

彰　「……」
真希、後ろ向きに、なんの迷いもなく目を閉じて螺旋状の草むらに倒れこむ。

彰　「あ！」

彰にはそれがスローモーションに見えた。

寝転んだまま、空を見上げる真希。

空を見上げて、

真希　「光が現れて、ここに導かれて……彰くんもそうだと思う」
彰　「……」
真希　「（真剣に聞く彰の顔を見て力なく笑って）狂ってるって思うでしょ」
彰　「（首を振って）俺……宇宙人っていると思う」
真希　「……（吹き出し）狂ってるね、行くよ！」
真希、急に飛び起きて走り出す！
慌てて、真希を追う彰。

60 集落の中の道

彰、真希を後ろに乗せ、勢いよく自転車を漕いでいる。楽しそう。ホイールのセンターに取り付けられた軸に足を乗せて立とうとする真希。

彰　「ちょ、待った」
真希　「まっすぐ走ってよ！」
彰の肩を掴んで立つ真希。

真希　「ジャーン！」

彰　「危ないって！」

笑う真希。

二人が道路沿いにある掲示板の前を通り過ぎる。

閉校祭のポスターが貼ってある。

61 集落内にある小さな神社

お祈りをする真希。

その横顔を見て、美しいと思う彰。

真希　「見ないで」
彰　「はい！（目を閉じて柏手を打つ）」
真希　「ちゃんとお願いした方がいいよ。ここの神様すごいんだから」
彰　「……（一生懸命願っている）」
と、目を開けると真希がいない。
振り返ると、彰の自転車に乗って走り出している。

彰　「おい」
慌てて追いかける彰。

彰　「フザケンナ！」

62 田圃道

ゴールドに輝く田んぼが広がっている。

真希が漕いでいる自転車の後ろに乗っている彰。

真希　「つかまって」
彰　「え……いや、いい（恥ずかしそうに）」
真希の髪が彰の顔にかかる。彰、嬉しい。

63 田圃道

良太、車を停め、メモを取りながら、農家と話している。三浦が手伝っている。

良太をチラチラ見る。

良太　「一反歩で10万円……」
農家　「（田んぼを見渡し）うちは8反歩。一年間、一生懸命はだらいでコメ売っても80万円にしかならね。そんたものだいもやりてぐねべ？」
良太　「……（呟く）コメ……コメしかねんだすべが……」
農家　「（遮って）何言ってらのや！　ずっとコ

メしかつぐってきてねんだや……（遠くの何かに気づき）……うん？」
良太、農家の見ている方向を振り向くと、遠くに二人乗りしている彰と真希が走っているのが見える。
良太「（彰を見つけ）！……」
農家「不登校の子だな」
良太「不登校？」
農家「んだ、ガソリンスタンドの子だ。生徒さ飛びかがって怪我さへだらし（振り返って三浦に）んだやな！」
三浦「……（二人を目で追い続ける）うん」
農家「え（家）さ借金とがいろいろあれば、そうなるんだべがな。うぢも、あいだ、息子がだも、あど少しで出でいぐもの。農家もおいの代で終わりや。（三浦に）たまにおじさんのどごさ遊びにきてけれや！な！」
三浦、働きながら神妙な顔。
三浦「……」
農家「じいちゃん子だもの。さびしぐなるな！　はははは！」
良太「……」

64　秀雄の家・屋根

真希が屋根の上で待っている。

恐る恐る登っていく彰。

彰、屋根の上に登って見渡す。

黄金色に輝く田んぼが広がっている。感動。

彰「すげー」

と、真希が急に歌い出す。

それは『秋田草刈り歌』

真希の歌「♪朝の出かけに　どの山見ても　霧のかからぬ　アリャ山はない」

その伸びやかな歌声は黄金色の稲穂を風となって揺らす。

聞き入る彰。

二人がこの世界をUFOに乗ってみているかのように感じる。

視界が宙へと登っていく（ドローン）。

歌い終わる真希。

彰「いい……」

真希「お母さんの方がもっと上手……民謡の先生なんだ」

彰「……」

真希「ちっちゃい頃は、よくみんなで民謡歌ってた。お母さんが歌って、お父さんが途中で歌い始めて……でも下手だからお母さんに歌うなって言われて、それでもお父さんやめないから……」

彰「……」

真希「もう二人とも歌わないけど」

彰「……」

と、秀雄がコンバインで道を走っていくのを見つける真希。

真希「！」

真希の顔色が変わる。

屋根を駆け下りる。

65　秀雄の田んぼ・ミステリーサークル

コンバインのエンジンをかける秀雄。

動き出し、稲を刈っていく。

真希「やめて！」

秀雄気づくがそのまま進める。

真希、田んぼへと転がるように走っていく。

彰も後を追う。

ミステリーサークルまであと3mのところで、真希が転倒する。

真希「やめて！」

その脇を彰が走っていく。

ミステリーサークルまで後1mのところで彰が体を投げ出す。

急ブレーキの秀雄。

秀雄「ばがけでね！　あぶねべ！」

エンジンを切る秀雄。

彰「（倒れたまま）はぁはぁ……真希のだから……はぁはぁ、これは……真希のだから」

真希、秀雄の前に駆け寄り、無言で両手を広げる。

真希「ハァハァ……」

秀雄「……おめつぐったんだが？」

その質問には答えず、目に涙を溜めて秀雄を睨む。

真希「……」

彰、倒れたまま、空を見上げる。

真希も見上げる。

秀雄も見上げる。

空には何もない。

秀雄、彰をじっと見る。

人を見透かすような眼光に恐れることなく見返す彰。

緑の光を目撃した者だけが知る不思議な感情……

66　秀雄の田んぼ前あぜ道

コンバインに乗っている秀雄、彰に、
秀雄「今日まま食ってげ」
秋田弁がわからず戸惑う彰。
真希「（笑って）ままって、ご飯のこと」
秀雄「良太さ電話しておぐ」
彰「……え？」
秀雄、何か含みをもって笑う。
真希が彰に微笑みかける。
と、急に走り始める真希。
後を追う彰。

66A　秀雄の休耕田

良太の車が道端に止まっている。

良太、降り立ち、休耕田を厳しい顔で見つめている。

67　秀雄の田んぼ・ミステリーサークル

ミステリーサークルの前に立つ人影。

翔太だ。その顔に表情はない。

翔太「……」

スマホで『中島彰』の偽アカウントを作る。

『東京から鷲谷町に越してきました～！　いきなりUFO出て感動！　どんな町だよ！　笑』

アップする。

シートを外し、ミステリーサークルの写真をスマホで撮る。憎々しげに螺旋状になってる稲を蹴飛ばし、シートをかぶせる。

68　秀雄の家・庭

鶏「コケーーーッ！」
彰と真紀が見ている中、秀雄が逃げ惑う鶏を素早い身のこなしで捕まえる。

69　同・庭

鉈を取り出し、構える秀雄。

秀雄「食うってこういうごどだ」

彰、予測して目を背ける。

真希、ジッと見ている。

真希「見た方がいいよ」

彰、恐る恐る目を開ける。

鶏が激しく鳴く声が聞こえるが、やがて止む。

（＊鶏は見せない。表情と鶏の鳴き声だけで表現）

ジッと見続ける真希。

彰も見つめる。

70 同・庭

木に逆さに吊るされた鶏。

逆光でシルエットになっている。

血が滴っているのがわかる。

71 同・庭

炊きたてのご飯を釜からすり鉢の中に入れる。

上がる湯気。

差し込む光。

秀雄がすりこぎでご飯を潰していく。

見ている彰と真希。

「ジュッポン、ジュッポン」音がする。

秀雄に促され、彰もやってみる。

すりこぎを抜く時、すり鉢が一緒に上がってしまう。

彰　「うわ」
秀雄　「しっかり抑えねばだめだ」

真希がすり鉢を押さえる。うまくいく。

× × ×

ご飯がついた棒を、七輪で焼いている彰と真希。

ご飯の表面が焼けていく。

彰　「いい匂い」

× × ×

焼けたきりたんぽを持って台所に戻ってくる彰たち。

台所では秀雄が出汁をとる準備をしている。

秀雄、濡れた布巾でご飯がついていない棒の部分を濡らし、ご飯をゆっくりと抜いていく。

大きなちくわ状に抜けるご飯。湯気が立つ。

72 同・台所

秀雄、鍋に鶏ガラを入れて出しを作っている。

彰と真希、串からきりたんぽを抜いていく。

すべてのきりたんぽを串から外す。それを確認した秀雄、

秀雄　「真希、セリ頼む」
真希　「はい！ 行こ！」

73 同・玄関

真希と彰が出て行こうとすると良太が立っている。

地酒をぶら下げている。

彰　「……」
良太　「秀雄さんに呼ばれたんだよ……」
真希　「（彰の父と察し）こんにちは！」
良太　「（真希をじっと見て）……こんにちは」
彰　「（その良太の態度にイラっとする）……」
秀雄　「（台所から出てきて）お！」
良太　「なんもあいさづもこねでもうしわげねす……（酒を掲げて）こい」
秀雄　「お！ わりな！ まずよ、セリ取ってきてけねが。彰、頼む」
彰　「……」

74 秀雄の家付近・田んぼあぜ道

彰、良太の後を黙ってついていく。

良太、あぜ道に生えている草を見つけてしゃがむ。

良太　「お！ あったあった！ ここ変わってないな……（セリを掴み、彰に見せながら）これがセリだ」
彰　「え？……草じゃん。食べられんの？」
良太　「当たり前だろ。きりたんぽにはこれがないとダメよ！」
彰　「なんでセリってわかんの？……」
良太　「子供の頃、お前のおばあちゃんに教わった」
彰　「……」

慣れた手つきでセリを抜き、水路で洗う。

良太　「この根っこがうまいのよ」

良太、彰に採ったセリを渡す。

彰　「（匂いをかいで）すご……」
良太　「ははは、その香りがいんだよ」

× × ×

彰、摘んでいる。

良太、離れたところで景色を楽しんでいる。

ざるの上にこんもりと山になっているセリ。

75 秀雄の家・居間（夜）

こたつの上に置かれている卓上コンロ。

鍋の蓋を取る。歓声が上がる。

湯気が立ち上り、その向こうに美味しそうなきりたんぽ鍋。

秀雄、三人の分もよそってあげる。さらにもう一皿。

それを仏壇に供える。妻と思われる女性の笑顔の遺影に手を合わせる秀雄。

秀雄　「さ！ 食べるや！」

食べる前に、真剣な顔で手を合わせる彰。

見つめる秀雄、真希、そして良太。

彰　「……いただきます」
一同　「いただきます」
秀雄　「おう！ 食べれ食べれ」

彰、ひとくち口に入れて、

彰　「はっほっ！……（夢中で声も出さずに食べる）」

皆その様子を見守る。

彰　「うま！ 美味しいです！」
秀雄　「おう！（頬張り）脂いいものな、やっぱり」
真希　「おじさん、きりたんぽ食べるとそればっか」
良太　「うんめ！ あぁ、久しぶりだ。やっぱり秀雄さんのはうめなー」
秀雄　「やめれって！」
良太　「いや、ほんとだって、子供の頃食べだどぎど変わらねものな……秀雄さんの小屋借りてバンド練習したあと、よく食わしてもらったんだよ」

彰、少し驚いた様な表情で秀雄を見る。

懐かしそうに目を細めている秀雄。

良太　「……おいだば、やっぱりこご好きなんだな……」
秀雄　「いろいろ変わっていぐどもよ、変わらねくていいものもあるやな、てが、ははは」
彰　「……」

× × ×

彰がノートに真希の絵を描いてあげている。

真希は変な顔をしたり、ちゃんと描かせてくれない。

その姿を見て安心する良太。

良太　「あー、最高！」

良太、勢いよく寝そべる。

秀雄　「真希、今日は泊まってげ。景子に言っとぐがらよ！ うんと、電話、電話」

秀雄、立ち上がり台所にあった携帯を探し、電話する。

76 真希の家（夜）

電話が鳴っている。

ひっそりとしている。

テーブルの上に書き置き。

77 ガソリンスタンド（夜）

ロープが張られている。

事務所の扉に「差し押さえ」の紙が貼られてある。

事務所の中の電話が鳴っている。

78 ワゴン車内（夜）

無表情で運転している隆史。

助手席でボーっとしている景子。

手に持っている携帯が鳴っている。

79 秀雄の家（夜）

秀雄、電話を持ったまま考え込んでいる。
秀雄「ちょっと出でくる」
真希「……どこいくの」
秀雄「ちょっとな」
彰と真希、怪訝そうに秀雄を見送る。

80 田圃道（夜）

秀雄、歩いている。

電話を取り出し、かけるが出ない様子。

つい小走りになる。

81 秀雄の家・居間（夜）

彰、真希の笑顔を完成させようとしているが、真希は一点を見つめている。

真希「……」

真希、急に立ち上がり、玄関に向かう。

彰「真希？」

真希、出て行く。

彰も、追いかける。

良太、気持ち良さそうに寝ている。

82 真希の家前（夜）

真希、彰が走ってくる。

裏口から飛び込んでいく。

83 真希の家・居間（夜）

家に入っていくと、ダイニングで秀雄が書き置きを持って読んでいる。

真希、秀雄から書き置きを受け取る。

『真希、ごめん。兄さん、お願いします。景子』

秀雄「ばがけが……」

真希、書き置きをクシャクシャに丸めテーブルに叩きつける。

真希「……ふざけんな」

真希、テーブルの上のものを思いっきり両手で払いのける。

テーブルに突っ伏した真希の肩に恐る恐るだが、優しく手を掛ける彰。

彰「真希……」

真希「触んないで！」

真希、彰を突き飛ばす。

秀雄「！」

彰「……ごめん……」

真希、彰を見下ろし、涙をためて走り出ていく。

追う秀雄。

84 真希の家・前（夜）

真希、裸足で外へ。

慌てて追う秀雄。

秀雄「待で！」

家前で捕まえて抱きしめる秀雄。

秀雄「待でって！」

真希「……ふざけんなよ……」

遅れて出てきていた彰、二人を呆然と見つめる。

85 田んぼ風景（日替わり）

稲刈り点描。

あちらこちら、コンバインで稲刈りしている農家たち。

85A 欠番

85B 田んぼ道・ミステリーサークル付近

彰、自転車を止めて、シートがかかっているミステリーサークルを道端から眺めている。

彰「……」

翔太「行こうよ」

翔太、彰を促す。

自転車で去る二人。

85C 彰の家・彰の部屋（夜）

卓上カレンダー。閉校祭の日に丸がつけられている。

経過した日に×がつけられている。あと、10日くらい。

彰、カレンダーから目を移し、スケッチブックに似顔絵の続きを描き始める。

ふと、手を止めて、スマホを取り出し、真希に電話する。

彰「……」

出ない。

窓を開けて、屋根の上に出てみる。空を見上げる。

85D 鷲谷中・教室

美晴、入口から覗くと、沙也加、茜、愛、彰が似顔絵を試しに床に置いて並べて見ている。
美晴「……」
入っていく。
美晴「お疲れ様」
一同、見やる。
美晴「村上さん。多目的教室取ったけどよかったら使わない（絵を見せて）実際に壁に並べて見たほうがイメージ湧きやすいかなって思ったんだけど」
沙也加「……」
茜「……（沙也加に）ね、いんじゃない？」
美晴「今日からずっと借りといたから」
沙也加「……ありがとうございます」
美晴「あと、稲わらってためてあるの？」
沙也加「いえ……」
美晴「おばあちゃんちにあるけど車で持ってこよっか」
茜「いんすか？」
愛「やった！」
美晴「（沙也加に）いよいよだね」
沙也加「はい……」

85E　町のあちこち

施設の壁、商店のシャッター、町のあちこちに貼られている閉校祭のポスター。

役場の掲示板では、通りすがりの農家たちが見ている。

86　鷲谷町役場

役場に入ったところの柱に、閉校祭のポスターが貼ってある。
良太、企画書を持って課長席に歩み寄る。
良太「課長。この間話してあった耕作放棄地の件あるすべ」
課長「……あぁ」
良太「再利用に関してまとめてみだす」
課長「（受け取って）お、はえな」
ページをめくっていく課長。
良太「助成金なんとだすか？」
課長、真剣に読んでいる。

87　彰の家・彰の部屋（朝）

彰、スケッチブックを見つめている。

描かれている真希のあふれんばかりの笑顔。

決心したようにスケッチブックを閉じ、カバンと一緒に持って出て行く。

88　鷲谷中・前庭

校舎壁。

『閉校祭まであと10日』

カラフルな手作り立て看板には、

『鷲谷中ありがとう！』

それを見てはしゃいでいる生徒たち。

89　鷲谷中・多目的室・放課後

沙也加、茜、愛、翔太、そして彰が、壁を体育館のステージ壁と見立てて、彰が描いた似顔絵をほぼ貼り付け終わり眺めている。

笑顔の似顔絵が八割埋まっている。

満足げな一同。

妙に明るい翔太。

翔太「いいねいいね！」

沙也加「（遠くから見渡して）いいかも」

彰、スケッチブックに挟んであった一枚の絵を取り外し、モザイクアートに歩み寄る。

みんなに見せる。

彰「……貼っていいかな？」

それは、彰が描き上げた、眩しいばかりの笑顔の真希の似顔絵。

「岡本？」「真希じゃね？」

空気が変わる。皆、沙也加を気にする。

90　秀雄の家・屋根

真希、屋根の上に寝転んでいる。

ぼーっと空を見上げている。

と、車が一台止まる。

大学生A「すいませーん！　海老が沢ってどこ？」

大学生と思われる男が屋根の上の真希に声をかける。

真希「……」

大学生A「ねぇ！　ミステリーサークル知らない？」

真希「！」

驚く真希、答えない。

91　車内

学生たち、口々に「変なやつ」「なんで屋根？」
大学生のスマホ画面。
彰の偽アカウント
『ミステリーサークル発見！　この町すげー！　場所は　海老が沢辺り～！』
ミステリーサークルの写真もアップされている。
女子大生A「田んぼが多すぎてわかんね～」

92　秀雄の家・屋根

去っていく車。

真希、屋根を勢いよく降りて車を追って走り出す。

小屋で作業していた秀雄が、顔を出し、猛然と走っていく真希の後ろ姿に声をかける。

秀雄「真希！」

答えず走り去る真希。

93　鷲谷中・多目的室・放課後（89に戻って）

彰、真希の似顔絵を持っている。

まっすぐ彰の目を見る沙也加。

沙也加「中島くんの好きなようにして。でも、中島くんは私たちの仲間だけど、その人は仲間じゃない」

彰、一瞬ひるむ。

真希の似顔絵を見つめる。子供のような無邪気な笑顔。

勇気をもらったかのように、彰は、モザイクアートの真ん中に真希の似顔絵を貼る。

翔太、その様子を睨むように見ている。

と、スマホをいじっていた愛、突然声を上げる。

愛「えー！」

茜「びっくりしたー！　何よ！」

愛「中島くん、ミステリーサークル見つけたんだ⁉」

彰「え？」

愛「めっちゃバズってる！」

茜「うそ！」

愛「沙也加、やばいってこれ」

愛、沙也加のところに見せに行く。

集まってくるみんな。

愛のスマホ画面には彰の偽アカウントでミステリーサークルの写真がアップされてる。

コメント『やば！　ミステリーサークル見つけた！』

一同、アカウントを確認して自分で見始める。

彰も自分のスマホで偽アカをみつける。

彰「なんだよ、これ……」

「やば！」「やばいでしょ！」「海老が沢だって！」

大騒ぎ。

翔太、その様子をじっと見ている。

茜「いつ見つけたの？」

彰「……知らない……」

茜「知らないって、なに言ってんの？　意味わかんない」

と、突然、
翔太「僕と彰くん、UFO見たんだよね」

彰、思わず翔太を見る。

「え！　マジで！」「ヤバ！」大騒ぎ。

翔太「（得意げに）一緒に帰ってたら緑の光が現れてジグザグに動いてさ、追ってったらミステリーサークル発見したってわけ。（彰に）あれも見せなよ。宇宙人の動画！」

「え！」「宇宙人?!」大騒ぎ。彰に群がる。

翔太「見せろよ」

彰「……」

翔太「（彰のスマホを奪って）貸せって！」

彰「やめ……」

彰のスマホを奪って沙也加のところに

持ってく翔太。

写真を探して、

翔太「(沙也加に)ちょっと見てみ」
彰「……」
皆、沙也加の周りに集まってくる。翔太、スワイプして、真希のミステリーサークルで大の字になっている動画を見せる。
茜「真希?」
「え!?」「宇宙人っぽいよね!」
翔太「ぎゃはは! やばいでしょ!」
沙也加「これ作ったの?」
彰「作ってない。あったんだ」
愛「いや、あいつが作ったでしょ!」
翔太「あいつ、ホントにやばいって、俺、殺されそうになったんだから!」
一同、騒ぎになる。
彰「……」
翔太、彰のスマホをいじりまくっている。
彰、それを見つける。
彰「……何やってんの?」
翔太「!(スマホを隠して)別に……」
彰、自分のスマホを奪おうとして、小競り合いになる。
彰「返せ!」
翔太「やめろって!」

94 秀雄の田んぼ・ミステリーサークル

大学生と思われるグループが草を分け入ってスマホ片手に農業用シートに近づいて行く。

大学生A「あれじゃね?」

恐る恐るシートを剥がす。

現れたミステリーサークル。

大学生B「すげー、こりゃ本物でしょ!」

女子大生A「プッ! 本物って何よ」

口々に好きなことを言って、寝転んだり、写真を撮りまくる。

離れたところにいた女子大生B、叫ぶ。

女子大生B「あった?」

大学生たち、両腕を上に掲げて丸を作る。

と、突然、
真希「わーーーーー!!!!」

走ってきた真希、絶叫し、大学生たちに飛びかかっていく。

大学生たち「うわ!」

その凶暴さに逃げ惑う。追いかけ回す真希。

女子大生A「(スマホを見て)あれ?」

大学生A「(覗き込んで)やば! こいつじゃね? 宇宙人だ! 笑える!」

スマホの画面には、翔太があげたばかりの、真希がミステリーサークルに横たわっている動画。

『宇宙人発見!』のコメント。

翔太によって、彰の偽アカウントからアップされたもの。

女子大生Aにしがみつき、スマホを奪う真希。

そこに自分の動画を見つける。

真希「!……」

と、大学生Aによって後ろから引き倒される。

大学生A「あれ? けっこう弱っ!」

と、秀雄の軽トラ、田んぼのあぜ道に滑り込む。

秀雄「ひとの田さ……おめがだ! なにしてら? でていげ!」

烈火のごとく怒り、車を降りて駆けてくる。

逃げる大学生たち。

真希、起き上がり、自分のスマホを取り出して検索する。

彰の偽アカウントを発見、アップされている自分の動画やミステリーサークルの写真を見て愕然とする。

真希「……」

走り出す真希。

95 鷲谷中・多目的教室・放課後(93に戻って)

翔太、息を切らし床にしゃがみこんでいる。
愛「偽アカって……」
茜「マジ怖っ!」
彰「(自分のスマホで偽アカウントを見ながら)なんで……なんで?」
翔太「……」
彰「……何が面白いんだよ。俺がなんかしたかよ! お前になんかしたかよ!」
翔太「……」
彰「てか、真希の大事なものがこれでみんなに知られ……」
翔太「(遮って)友達作っちゃいけないのかよ……一人くらい友達になってくれてもいいだろ!」
彰「……」
と、外が騒々しい。茜と愛が窓際へ。

96 同・校庭

生徒たちがざわめいている。

真希、ヨロヨロと校庭に入ってくる。

「岡本真希じゃない?」「なんで?」

大学生によってスマホにアップされてるミステリーサークルの動画を見てる。

「なにこれ?」「ミステリーサークルってやつ?」「真希じゃん!」

97 同・廊下

真希、廊下を走る。生徒たちを押しのけあちこちを探しまくる。

生徒たち「きゃー!」

その様子を三浦と泉家が面白がっている。

泉家「やば!」

三浦と泉家、スマホで撮る。

真希「!」

三浦と泉家を追いかける真希。逃げる二人。

98 同・多目的教室

茜が様子を見ようとドアを開けると、いきなり三浦、泉家、そして真希が飛び込んできて一緒に床に転がる。
一同「きゃーー!」
彰「真希……」
真希、倒れたまま彰を見つけて、
真希「(泣き笑い)彰くん、見〜つけた……」
沙也加「(全く動じず遮って)閉校祭の作業中なの。関係ない人は出て行って」
真希「(沙也加を一瞥し)関係あるよ」
真希、立ち上がりながら彰にスマホを掲げる。
そこには真希の動画。
真希「なんで?」
彰「それ、俺じゃないって……」
真希「え?(笑って)何言ってんの?……」
真希、教室内を見回し、壁に描かれたミステリーサークルを呆けたように眺める。
近づきながら、
真希「(嫌味っぽく)これ全部、彰君が描いたの? すごーい……」
そして、真ん中に自分の似顔絵を見つけて、
真希「きゃはは! なんで私がここいるの?」
自分の絵を剥がして、彰の前に進む。
道を開ける生徒たち。
真希「これ、間違ってるよ。ここで一度も笑ったことなんてないもん」
いきなり、破く。
重ねて何度も破く。
彰に見せつけるように。
真希「……学校も無くなって、家族も無くなって、地球も全部消えちゃえばいい」

彰「……」

茜「(鼻で笑いながらモザイクアートの前に行きながら)何言ってんの？　消えるのは、あんただけでよくない？　あんたさえいなかったら、楽しんだから！　ほら、みんな笑ってんじゃん」

真希「……」

真希、突然、モザイクアートに向かって走る。

茜を突き飛ばし、腕を振り回し、絵を引きちぎり始める。

彰「！……」

沙也加「！」

と、美晴、呼びに行った生徒とともに入ってくる。

美晴「！……何やってんの？」

呆然とする美晴。

やめない真希。狂ったように破りまくる。

彰「(呟くように)やめてくれよ……」

美晴、真希に近づく。

美晴「やめて……お願い……(肩に手をかける)」

真希「あんたは……(美晴を突き飛ばし)関係ないじゃん！」

彰、真希に飛びかかる。

彰「やめろって！」

真希「(振りほどこうともがきながら叫ぶ)彰くんがわたしにしたことって、こういうことなんだよ！……彰くんのせいで……あれが、わたしのあれが……めちゃめちゃにされたんだよ！」

と、沙也加が、

沙也加「中島くんの偽のアカウントを作って晒したのは田村くんだから」

真希「！……」

翔太「(下を向き、震えている)……ごめん」

真希「……」

沙也加、ビリビリになった似顔絵の前にしゃがみこむ。

沙也加「真希はさ、学校なくなっても平気なの？　わたしは嫌だよ。すっごくやだよ」

真希「……」

沙也加「毎年何人も転校してってさ……ついに閉校になってさ」

皆、じっと聞いている。三浦も。

沙也加「……私は、何もできないから……でも、閉校祭だけは、ちゃんとやりたいんだよ……もうみんなでやるのって最後なんだよ。この学校なくなっちゃうんだよ……それだけなんだよ……笑ってこの学校と別れたいんだよ……それがいけないの？」

真希「……」

美晴、ビリビリになった似顔絵の前にしゃがみ込み、紙を丁寧に拾い集めていく。

三浦も、しゃがみこみ、拾い始める。それを泉家が意外そうに見る。

三浦「(拾い集めながら)……俺さ……」

泉家「……」

三浦「閉校祭終わったら引っ越す……」

泉家「え？……」

三浦「……」

泉家「嘘でしょ？……なんだよ急に！　それなんだよ！」

三浦、床を思いっきり叩く。

三浦「知らねえよ！」

静まる教室。

泉家「え？　何これ？……みんないなくなっちゃうんじゃねぇの？」

愛「……みんな」

三浦、ビリビリになった壁のモザイクアートを見つめる。

クラスの一同も、同じく見つめて。

茜「イヤだ……」

泣き出す茜。

つられて他の女子たちも。

その場でうなだれる男子たち。

真希「……」

放心した様子の真希。自分がやったことの重たさをはじめて実感した様子で。

そのまま、教室から飛び出す真希。追う彰。

98A　同・廊下

彰、廊下に出たところで、

彰「逃げんな！」

真希「(振り返って)……」

彰「……俺は逃げないよ……ここにいるよ」

真希「……」

へたり込んでいた翔太、おもむろに窓を見やり、空を見上げる。

翔太「うそ……」

驚いた翔太、よろけて作業道具をひっくり返す。

物音に振り向く生徒たち、空を見る。

(スロー映像)皆、窓際に集まってくる。

真希が駆け寄る。彰も駆け寄る。

真希「！」

彰「！」

空に現れた何かを、呆然と見つめる。

沙也加が。翔太が。三浦が。泉家が。美晴が。

そして彰と真希が。

皆、何も言わず、ただ圧倒されて。

99　田んぼ道(夕)

真希、広がる黄金色の田んぼの中、あぜ道を一人歩いている。

彰が追ってくる。

真希に追いつきそうになる彰。

と、それに気づき、真希、走り始める。

彰、慌てて追う。

真希、止まりかける。彰、追いつきそうになると、また真希が走り始める。

真希、振り返り、笑う。

笑い返す彰。

100　多目的教室(回想)

真希、窓辺で空を見上げている。放心状態。

彰たち他の生徒たち、紙が散らかっている床を見つめている。放心状態。

美晴「どうだろ？　似顔絵じゃなくて、大きな鷲を描くのは？　それだったら今からでも遅くないと思う」

彰「いえ、俺、もう一回描きます」

茜「……間に合わないって……」

一瞬、沈黙。

三浦「……描くわ、俺……」

一同「!?」

三浦「……自分の……自分の顔、自分で描くから」

沙也加「……」

彰「だったらさ……だったら、みんな、一人一人、自分で描こうよ。そうすれば、間に合うから。(沙也加に)もともとさ、そうしたかったんだもんね？」

沙也加「……」

皆、口々に「そうしよう」「いいね」など盛り上がる。黙っていた真希、

真希「(彰に)描いていいかな？　わたしも描いていいかな？」

彰「いいけど……笑ってる顔がいいな」

真希「(笑って頷く)」

三浦「翔太」

翔太「……え？」

三浦「お前も描くよな」

泉家「てか、描け。全員描かなきゃ意味ねーから」

翔太「……ありがとう」

沙也加「……」

101　田んぼ道（夕・99に戻って）

夕日の中、競争のように笑いながら走る彰と真希。

102　秀雄の田んぼ・ミステリーサークル（夕方）

夕方、ミステリーサークルに立つ真希。空を見上げている。

風が柔らかに真希の髪を撫ぜる。

彰が息を切らし、稲をかき分け真希のところに歩いてくる。

真希「……」
彰「……」

空を見上げる真希、つられるように見上げる彰と。

二人の姿が、夕日を浴びた黄金色の稲の中で輝いて見える。

軽トラがやってくる。

秀雄が駆けてくる。

楽しそうに、

秀雄「大暴れしたらしね」

秀雄の顔を見たせいか急に泣き笑いになる真希。

秀雄が続ける。

秀雄「（黄金色に輝く田んぼを見渡し）せば、そろそろ刈るや！　コメは食うもんだ。飾っておぐもんでね。ましてや宇宙人のもんでねべしゃ。な！」

真希、泣き笑いで頷く。

彰、少し笑う。

103　秀雄の田んぼ（朝）

秀雄の田んぼ。

意気揚々とコンバインを始動させる秀雄。

稲を刈っていく。

秀雄の奥さんの作業着を着た真希、そして秀雄のぶかぶかの作業着を着た彰、刈り残した稲を鎌で刈っていく。

二人が見ている前で、ミステリーサークルが刈られていく。

真希「……」
彰「……」

良太が、トラックを運転して現れる。

コンバインから吐き出される籾を積み込むためのトラックだ。

良太「わりっす！　おへぐなってしまった！」
秀雄「（笑いながら）おへって！」

トラックを止める位置が悪いのとか、秀雄に文句を言われながらも楽しそうな良太。

気持ちのいい日。稲がどんどん刈られていく。

彰、真希の声が響き渡る。

×　×　×

あぜ道に腰掛けて休んでいる秀雄と良太。

花卉栽培の書類を広げて見ている秀雄。

秀雄「花卉？　花が？……」
良太「んだす。休耕田さビニールハウスを建てで、水耕栽培するんだすもの。いぢ年中季節関係ねぐでぎるすもの、手間もかがらね。田んぼの合間にでぎるんだ」
秀雄「（ビニール栽培や花卉栽培の資料を眺めて）……花なぁ……だいたいそんた金どこさあるのや」
良太「やぐ場が助成金考えでらんだ」
秀雄「！……んだども、ずっとコメしかつぐったごどねしな……」
良太「まんづよ、いろいろ解決さねばダメなごどはいっぺある。そんたに簡単にいがねごどもわがってる……んだどもよ」
秀雄「……なにや」
良太「まず誰ががうごがねばよ……」
秀雄「（良太をじっとみる）……」
良太「いぢお、生まいだまぢだがらな……」
秀雄「……良太、おめ、音楽の才能ねくていがったなぁ」
良太「……ちょっと！　秀雄さん、そいまだきじって！」
秀雄「なんかまだピンとこねけどな……久しぶりに本気出してみるがな！」
良太「よっしゃ！」

秀雄、眩しそうに、田んぼに落ちている稲をぶつけ合ってはしゃぐ二人を見つめる。

104　鷲谷中・体育館

彰M「翌年の3月、鷲谷中は閉校になった」

誰もいない体育館。

ステージの上に残っているモザイクアート。

各自が描いた似顔絵が連なっている。

翔太の似顔絵。

下手だけど一生懸時間をかけたと思われる沙也加の似顔。

美晴がキャリーバッグを引いて体育館に入ってくる。

美晴の似顔絵。

美晴「へだくそ」

自分の描いた似顔絵を見て笑う。

美晴「せばな……」

出ていく美晴。

そして、真希が描いた独特なタッチの真希の似顔絵。

105　秀雄の家・屋根

屋根の上に立つ真希。風に髪がなびいている。

相変わらず強い目線。

だが、ほんの少し笑みを浮かべている。

おもむろに歌い始める。

真希の歌「♪朝の出かけに　どの山見ても　霧のかからぬ　アリャ山はない」
＊歌はエンディングまで。

105A　新しい中学校の校舎前の坂道

彰の歩く先にある、新しい校舎。

106　桜の花・春

107　鷲谷中・体育館（戻って）

彰の描いた彰の似顔絵。

めちゃめちゃ楽しそうに笑っている。

彰M「そして僕はこの町で初めての春を迎えた」

108　桜苑・空撮

満開の桜苑。

彰M「あれからこの町で不思議な光は目撃されていない」

了

コンフォーム
金田　大

音響効果
田中　俊

スタジオエンジニア
石原 美里

製作担当
谷　尚明

助監督
山本 優子　田屋 潤子　中角 高志

撮影助手
堀越 文裕　有泉　萌　綿貫 皓太

撮影応援
渡邊　翼　宮野将徳

照明助手
渡部和成　横尾　慶

照明応援
大平　隆　溝口　知　西尾 慶太

録音助手
三木雄次郎

録音助手応援
松尾　和

民謡指導
石川喜代美

制作担当
廣垣　仁一

演技事務
作道　雄

方言指導
成田　洋一

衣裳助手
竹下　朋実

ヘアメイク助手
松原 美穂　朝岡 美妃

スチール
池田 岳史

メイキング
橋ケ谷典生

美術協力
堀江 侑加　横石　蒼
真坂 日和　水除　琉聖

ドローンオペレーター
緑　優人

制作デスク
三浦　万季

車両
柴田 博文　大木　稔
寺田　直　武石　純

製作
玉井雄大　佐川博之
立田　聡　石塚真人
森田良平　末廣健二
渡邊竜一　山路　勲

プロデューサー
瀬木　直貴
渡邊　竜一
佐藤　裕之

キャスティング
茂木 ちか

監督補
高　明

音楽プロデューサー
鮫島　充

音楽
山下 宏明　河内 結衣　内山 孝洋

脚本
成田 洋一　作道　雄

撮影
Jam Eh I

照明
岸本 秀一

録音
小清水建治

装飾
西村 和幸

小道具
東野　敦

スタイリスト
勝見　宜人

衣裳
片山 沙織

ヘアメイク
高橋 幸一

Bカメ撮影
成田 伸二

特機
福島　晨

ドローン撮影
中村　豪

編集
岩間 徳裕

VFX・本編集
湯山　圭　金園 智子

カラリスト
石原 泰隆

中川　翼

長澤　樹

下川　恭平

中島　セナ

生駒　里奈

小野塚 勇人
（友情出演）

丹野 未結

日向　丈

木村　聖哉

鈴木　海翔
松浦　真弓
阿部知愛弥

安田　里美

橘　麟
佐々木 将志
佐々木 康多

高橋彩音　納谷　翔
三浦夏嬉　本橋拓実
高橋　剛　中山　健
マティログ　北嶋愛弥
奥野駿矢　赤羽柚美
太良理穂子
佐久間としひこ　梁田恵一
北嶋一美　高見利幸
秋田県のみなさん

駿河　太郎

柳葉　敏郎

川越工業　三菱商事
中部電力　清水建設
東北電力　北都銀行　羽後設備
ウェンティ・ジャパン　秋田銀行
山二建設資材　ホワイトラビット

オフィスエブリ　清水組　全農秋田県本部
眞宮技術　斎藤昭一商店
秋田SDIサービス
中央土建　鈴木空調機器　加藤建設
財産コンサルティング　秋田スズキ
5.5三浦聖太郎&まな

秋田エスエス商運　トラフィックレンタリース
石井商事　北勢工業　羽後電設工業
ヤマコン秋田　大民石油販売　クリエイティブリンク
ブルーオーシャンスマートシステムズ　EISUグループ
エネワンウォーター不二よ志　菅原浩明(J-Bus)
谷田部和弘
Diamond Bar 1982 ホームステイメンバー
秋田高専電気工学科第13期有志

「光を追いかけて」製作委員会

DOKUSO映画館　仲田　桂祐
秋田魁新報社　太田　聡
秋田放送　菅原　実
秋田テレビ　村山　智博
佐藤　裕喜
秋田朝日放送　鈴木　忠明
秋田ケーブルテレビ　高橋　伸明
アジア・メディアプロモーション　渡邊　竜一
ソウルポート　北澤　淳一
瀬木　直樹

制作協力
BURST22

制作プロダクション
ソウルポート

配　給
ラビットハウス

監　督
成田　洋一

衣装協力
おかもと技粧

ポスプロ協力
IMAGICA Lab.　SonyPCL
松竹映像センター

Special Thanks
アイツアーズ　仲村保険サービス
ここじゃむ
佐藤　正
鷲谷　善弘
佐々木　KING　直也
秋田市立秋田北中学校OBのみなさん
中江翼(B&B studio)
LifeGUARD
鷲谷嘉三郎

ロケ協力
井川町　五城目町
潟上市　男鹿市　大潟村

井川町日本国花苑
湖東地区消防本部
あきた湖東農業協同組合
JAあきた湖東女性部井川地区
湖東3町商工会
井川町婦人会
井川町食生活改善推進協議会
井川町生活研究グループ連絡協議会
井川町産直生産グループ
三浦　政博　若狭　悦子
鎌田　眞一　中山　勝清
伊藤　涼子　門間　茂男
大将　寿司　比内どり食品
井川八幡神社　井川エステート
三浦石油　アマノ
パティスリーパリテール
つかまファーム　井乃川
郷土料理いしかわ　佐々木商事

協　力
九州ビジュアルアーツ専門学校
福岡女学院大学
電　通

支　援
井川町「光を追いかけて」を支援する会

映画「光を追いかけて」を成功させる会

協　賛
DOKUSO
芳井　篤司　新門荘
秋田トヨタ　秋田トヨペット
トヨタカローラ秋田　ネッツトヨタ秋田
株式会社TCJ
藤田　真規
YURIホールディングス

主題歌
湯木慧
「心解く」

作詞・作曲・編曲：湯木慧
LD&K

音楽制作
P-CAMP

演　奏
Strings:　徳澤青弦ストリングス
Violin:　沖　祥子　石亀協子
Viola:　吉田　篤貴
Cello:　徳澤　青弦
Piano:　山下　宏明　河内結衣
Drums:　OOLONG
Guitar・Bass:　内山　孝洋
Vocal:　岩崎　慧

挿入歌（閉校祭のうた）　佐藤慶之助

音楽コーディネート　杉江　章子　西川　純己

レコーディング&ミックスエンジニア　永見　竜生
アシスタントエンジニア　齊藤　彩海

レコーディングスタジオ　Sound City
P-CAMP studio

後　援
秋田県　秋田県教育委員会　井川町

特別協力
羽後設備　ウェンティ・ジャパン

FRE-X　クリエイティブスタジオ・ゲツクロ
成田屋　L.S.W.F　JHK
Nestation　Koa Hole

トップコート　テンカラット
エトレンヌ　LDH　乃木坂46
ステッカー　融合事務所

撮影協力
三和映材社　NKL
シネサービス　ACT

美術協力
山崎美術
アーツセンター秋田

装飾協力
株式会社携帯市場　Kitamura　ナカバヤシ株式会社
福禄寿酒造

ヘアメイク協力
Koh Gen Do
Tv&Movie

©2021「光を追いかけて」製作委員会　G

光を追いかけて

──主題歌に寄せて

監督・成田洋一

映画の主題歌は、実は考えていませんでした。エンドロールの背景は黒画面にし、朝の学校の効果音だけにするつもりでした。せっかくのストーリーの余韻が、音楽で邪魔されるのが嫌だったので。ところが、編集の過程で、黒画面ではなく、映像を入れることになりました。そうなると主題歌を入れないともたないなと。ただ、曲が流れることで映画の世界観を崩すことはしたくない、むしろ、観客の余韻を増幅する曲じゃないと入れたくないと強く思いました。

もともと、湯木慧さんのことは知っていました。

その歌は、心の奥の方に隠している弱さを鷲掴みにし、目の前に突きつける、そんな容赦のなさがありました。心が震えました。この人に「心の肌」があるとするなら、限りなく薄く、触れるものは風でさえ敏感に感じ取り、常にヒリヒリする痛みを感じてしまう。痛々しい……彼女の歌にはそんな絶望の魅力を感じたのです。

僕の映画の世界観と彼女の歌の世界観は、確実に合う、でも、そこに未来はあるのか？　そんな不安もありました。ただ、何度も何度も彼女のさまざまな曲を聴いているうちに、どの曲にも微かな光を感じました。未来はある。危険ではあるが、心中するのもおもしろいかと。そう思うと妙に高揚し、彼女しかいないと思うようになりお願いすることになりました。

初めて彼女に会った瞬間に、あぁ、やっぱりそうかと。もはや何の心配もないなと。この人の「心の肌」にまかせようと決めました。

映画を見てもらった上で、彼女の希望で秋田に向かいロケ地を案内しました。映画のシーンを一つ一つ噛み締めるように彼女は見つめ、匂いを嗅ぎ、時には覚えてしまったセリフを口にしてました。

思い出深いのは、屋根の上。二人で登り、草刈りによって流れてくる青臭い香りを嗅ぎながら一時間あまり話しました。内容は覚えていません。おそらく頭に浮かんだ言葉の素直なやりとりをしていたのではと思われます。それで充分だったのではないでしょうか。

その後、あがってきたのが「心解く」です。

長期にわたる編集で何度も何度も見てきた作品でしたが、この曲がエンドロールとともに流れてきたとき、あぁ、これでやっと完成したんだと思いました。と同時に「運命」という言葉が頭に浮かびました。そう、やはり運命だったのです。

「光を追いかけて」の宣伝コピーは「光を望むな。光となれ。」としましたが、実は映画が完成してから、つまり主題歌をエンドロールに入れてから浮かんできた言葉です。それは、まさにこの映画で真に伝えたかったこと。「心解く」が導いてくれたような気がします。

湯木慧　AKIRA YUKI

主題歌を作ります。となってからまず思ったのが、秋田に行こう。でした。全く秋田に関わりのなかった自分が書いて良いのか否か迷いながらも色々なことの裏や表を想像し想いを馳せながら訪れた秋田は唯一無二の壮大な景色と香りでした。

大人と子ども、内側と外側、光と影。

映画を観た方は勿論、幅広く多くの方の想いや心に寄り添いリンクできる楽曲になったと思うのです。

是非映画と合わせて楽曲も沢山噛み砕いてほしいです……。

秋田大好き。

▶ 主題歌「心解く」：湯木慧

表現することで"生きる"ことに向き合い、"生きる"ための感情を揺さぶる鋭いフレーズとメッセージで綴った楽曲と、五感に訴えかける演出を伴うライブパフォーマンス、そして絵画個展などマルチなフィールドで活動するアーティスト。

2017年2月、ミニアルバム『決めるのは"今の僕"、生きるのは"明後日の僕ら"』でデビュー。2018年10月アルバム『蘇生』をリリース。

2019年、自身の21歳の誕生日である6月5日にシングル『誕生～バースデイ～』でメジャーデビュー。8月セカンドシングル『一匹狼』をリリースし、大阪・東京でワンマンライブ『繋がりの心実』を開催。11月にはGallery Conceal Shibuyaにて自身初の単独個展『HAKOBUne-2019-』を開催し、「音楽」のみならず「アート」面でもその存在をアピールした。

2020年8月、映画『13月の女の子』主題歌に「一期一会」が抜擢され話題に。8月19日に1st EP『スモーク』リリース。

そして、23歳を迎えた2021年6月5日、ワンマンライブ『拍手喝采』を東京・日本橋三井ホールにて開催し、

ステージ上で自身のレーベル『TANEtoNE』(タネトーン)の設立を発表。8/8には新レーベル第一弾作品「拍手喝采」をリリース。

秋田の魅力を紹介します！

Rina Ikoma

奈良美晴役として出演した生駒里奈さん。秋田県出身でもある彼女が、秋田県アンテナショップ「あきた美彩館」で、同県の魅力を紹介します。

写真:高旗弘之
文:中田絢子
ヘアメイク:スズキユウジ
スタイリスト:野津真吾(impiger)
衣装協力:Ground Y

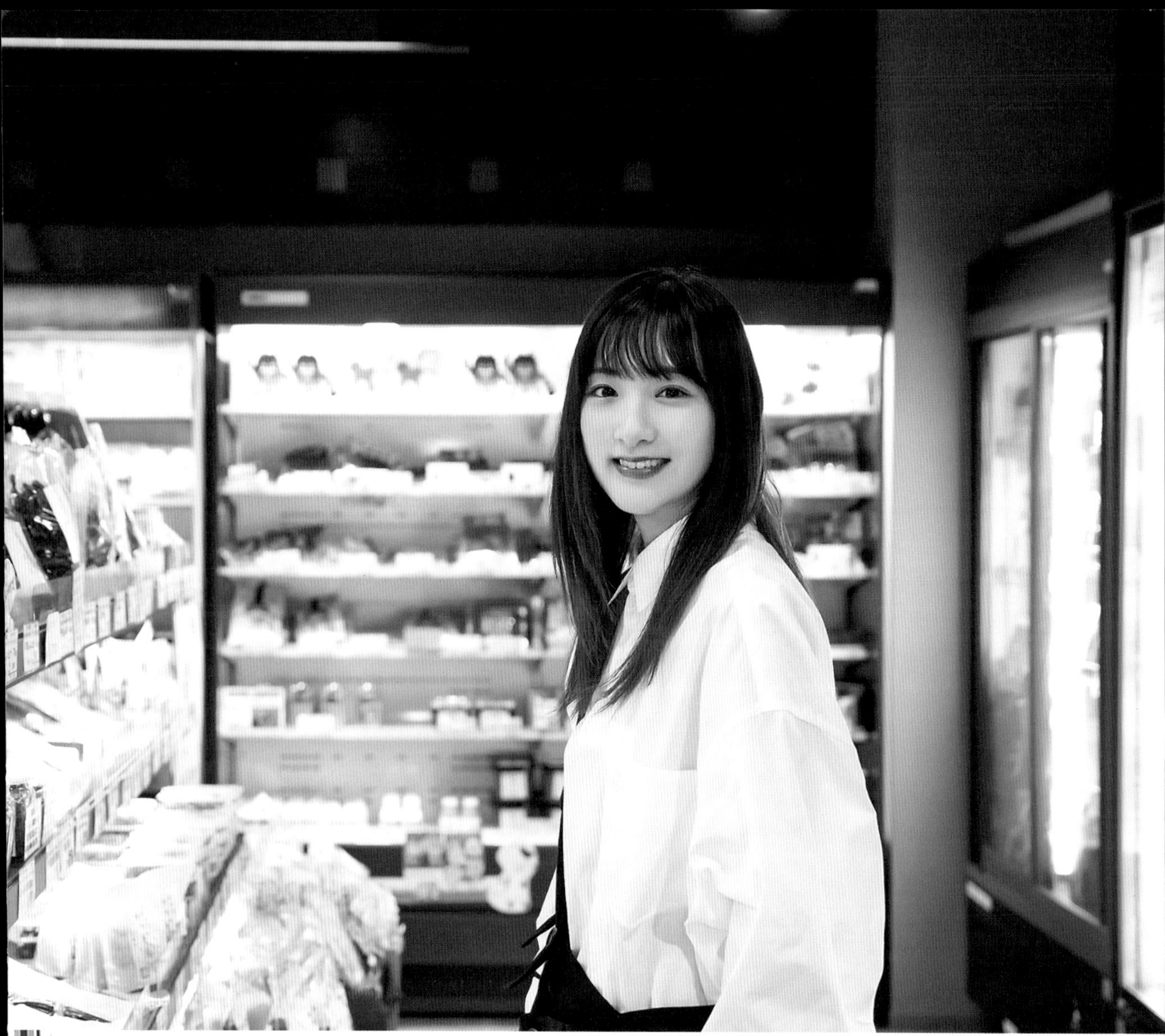

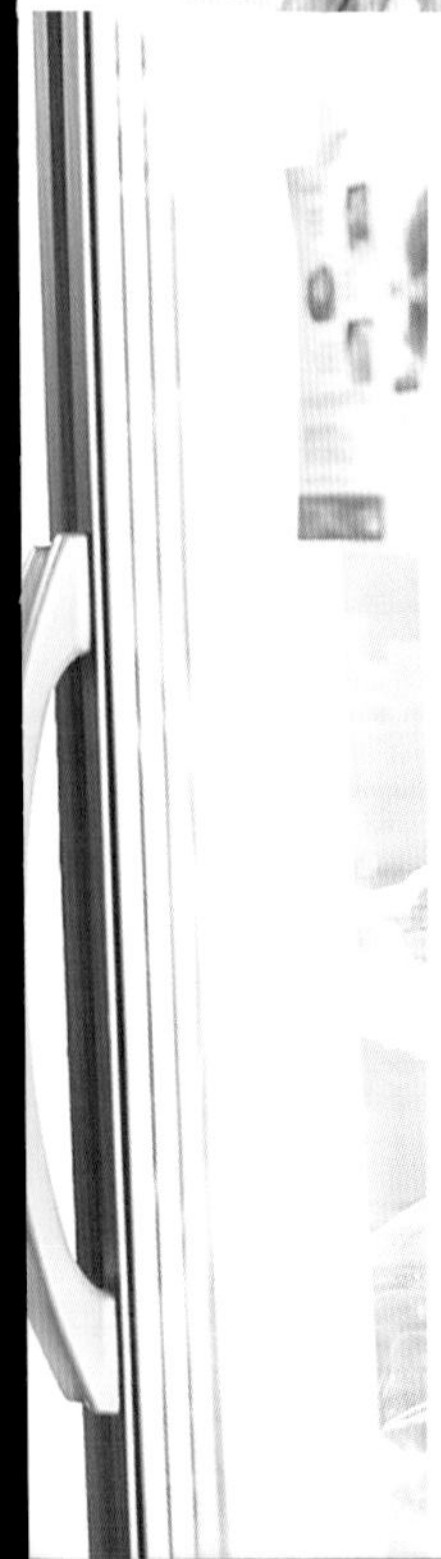

たくさんおいしそうな物が
あります

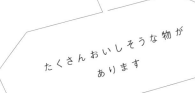

秋田の魅力を
紹介します!

秋田の魅力は
おいしい「食」です

秋田のお酒も
おいしいですよ

ゆっくりと流れる 優しい時間を過ごしてほしい

自然の恵みにあふれる 秋田の「景色」と「食」

伝統文化など秋田の魅力は色々ありますが、一番は「食」かなと思います。お米や野菜がすごくおいしいんです。地元を離れて改めて秋田県の良さに気づくことができました。「きりたんぽ」や「いぶりがっこ」など、1品1品の名産品の印象が強いですが、素材そのものがおいしいのでぜひ食べてみてください。

私は15歳で上京したので、まだ行けていない観光スポットがたくさんあります。白神山地も行きたいし、幼い頃に行った田沢湖にもまたゆっくりと足を運びたい。最近、話題になっている、絶景の八幡平のドラゴンアイも見てみたいです。

私は今、YouTubeで地元の情報発信をしたり、故郷である由利本荘市のふるさと応援大使を務めています。大使としての活動があまりできていないので、今後は東北絆まつりのひとつ「竿燈まつり」などにも積極的に関われたら嬉しいです。秋田には雄大な自然があり、時間がゆっくりと流れています。秋田の自然に包まれると、すごくポジティブでいられます。そんな優しい時間を皆さんにもぜひ過ごしてほしいです。

あきた美彩館

販売では「いぶりがっこ」や「しょっつる」などの秋田を代表する定番商品はもちろん、秋田で話題のお菓子やお酒、民芸品まで幅広い商品がそろいます。また、ダイニングでは稲庭うどん、きりたんぽ、ハタハタ、比内地鶏、いぶりがっこ、日本酒とあげればきりがない秋田名物を堪能できます。

住 東京都港区高輪4-10-8 ウィング高輪WEST-Ⅲ1階 ☎03-5447-1010 営【販売】11:00～23:00【ダイニング】ランチタイム 11:00～15:30(L.O14:30) ディナータイム17:00～23:00(お食事L.O22:00) ※緊急事態宣言などにより変更の場合あり。詳しくはSNSまたは店舗へご確認ください 休 年中無休(元日のみ休み)※緊急事態宣言などにより変更の場合あり。

秋田の観光情報

映画のロケ地だった秋田県内の観光情報のほか、井川町の特産品も紹介します！

秋田の美しい景観

landscape

鳥海山

山形県との県境にある標高2,236メートルの活火山。気候の変化の激しさから、四季の彩りも鮮やかであり、登山に訪れた際には美しい眺望を満喫することができる。

十和田湖

北の景勝地として名高い湖。鏡のように美しく澄んだ湖と開放的なパノラマが臨める。新緑や紅葉の名所としても知られ、シーズン時には行楽に訪れる人などであふれる。

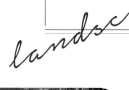

白神山地

人為の影響をほとんど受けていない原生的なブナ天然林が分布しており、世界自然遺産にも登録された。多種多様な動植物が生息、自生し貴重な生態系が保たれている。

日本国花苑

日本各地から集められた200種2,000本の桜が植樹された公園。4月下旬から十月桜、冬桜が咲き始め、4月下旬から5月中旬はしだれ桜や八重桜などが見頃を迎える。

秋田の食
food

きりたんぽ鍋

名物の「きりたんぽ」を比内地鶏や舞茸、白ネギ、ゴボウなどで煮込んだ秋田を代表する郷土料理。野菜や鶏のうま味が染み込みんだ鍋は、やさしい味わいで絶品のおいしさ。

おいしいものばかりです！

いぶりがっこ

囲炉裏で吊るして燻した干し大根を、米ぬかで漬け込んだ伝統的な漬物。噛むほどに燻製の香りが口いっぱいに広がり、パリパリとした食感を楽しむことができる。

ババヘラアイス

いちご味とバナナ味の組み合わせの、シャーベットに近いさっぱりとした甘さのアイス。秋田県の国道沿いのほか、お祭りやイベント会場で販売されており、県民の懐かしい味。

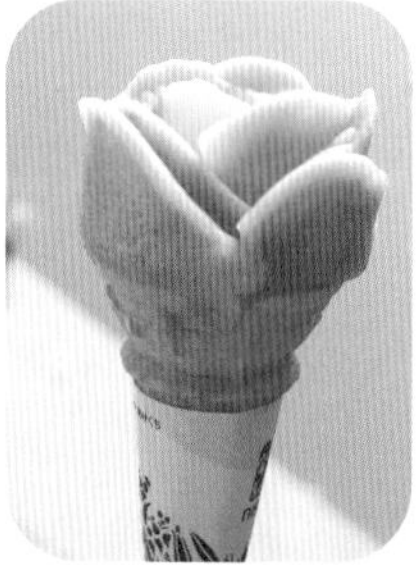

ハタハタ

古くからなじみ深い食材として食されてきた魚で、特に醤油煮は秋田を代表する郷土の味。また醗酵させた魚醤で、炊く「しょっつる鍋」は、うま味を存分に堪能できる。

秋田の祭
festival

なまはげ柴灯まつり

秋田県男鹿市北浦の真山神社で行われ、「みちのく五大雪まつり」の一つに数えられる祭り。男鹿市の冬を代表する祭りで、毎年多くの観光客が訪れる。

秋田竿燈まつり

竿燈を稲穂、提灯を米俵に見立てて担ぎ、豊作を祈る祭り。青森のねぶた祭り、仙台の七夕まつりと並んで東北三大祭りの一つとされており、国重要無形民俗文化財にも登録される。

西馬音内盆踊り

秋田県雄勝郡羽後町西馬音内で行われる盆踊り。阿波踊り、郡上踊りと並び、日本三大盆踊りと称されており、1981年1月21日には重要無形民俗文化財に指定される。

井川町の特産品

桜名月

かつて町では、流れ清らかな‘井川’の水と、豊饒な大地が育んだ酒米で作られておりました。時代が変わり、酒米も途絶えつつありましたが、井川町酒米復活プロジェクトによりお酒が完成いたしました。「あきた酒こまち」を使用した第５弾の桜名月は、のど越しも良く、香り高い、上品かつ軽快な後味。

福禄寿酒造株式会社
住 〒018-1706 秋田県南秋田郡
五城目町字下タ町48番地
☎018-852-4130

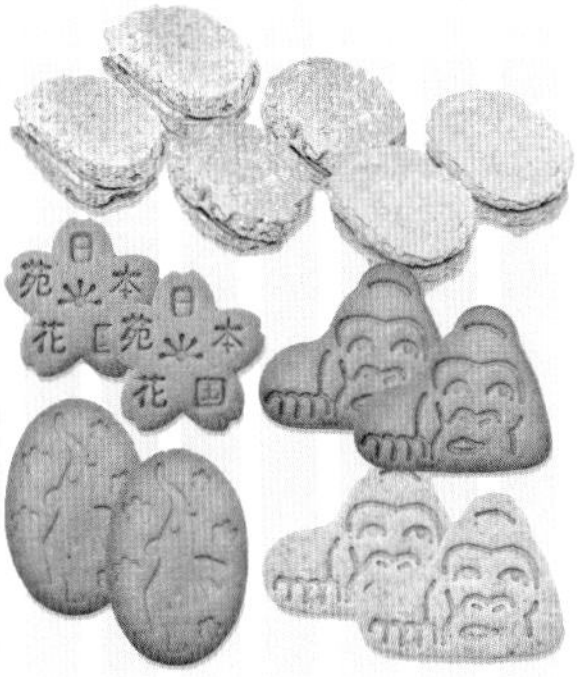

井川町「国花苑」彫刻サブレ

桜で有名な井川町「日本国花苑」に設置されている彫刻をモチーフにした彫刻サブレ。素材には井川町産の食材が使用されている。他にも「さくらラングドシャ」「SakuRaフロランタン」「えだ豆サブレ」など井川町の特産品の焼き菓子がある。

潟上本店
住 〒018-1504 秋田県潟上市飯田川
飯塚字家ノ越47-3
☎018-893-5085
秋田西武店
住 〒010-8505 秋田県秋田市中通2丁目6-1
地下レストラン街
☎018-874-7174

比内地鶏

比内地鶏は日本3大地鶏に数えられ、高級地鶏として有名です。ここ井川町でも比内地鶏の加工を行い、独自の商品を販売している。噛めば噛むほど口の中に旨みが広がる比内地鶏は、きりたんぽ鍋に入れても絶品。

比内どり食品有限会社
住 〒018-1523 秋田県南秋田郡井川町坂本字飛塚23-12　☎018-874-2031

ベリーベリーベリージャム

井川町の自然の中で育ったブルーベリー・ブラックベリー・こはぜをふんだんに使ったミックスベリージャム。3種の甘味・うま味、酸味が凝縮された上品な味わいが特徴。

ことぶきベリー園
住 秋田県南秋田郡井川町寺沢字綱木沢132-9
☎080-6030-6552

たくさん買い物するぞ！

こちらもおすすめ♪

さくらアイス

八重桜の花びらが練り込まれたアイス。地場の農産物で作ったとうもろこしジェラート、栗かぼちゃジェラート、ブラックベリーシャーベットなどのラインアップも揃う。

有限会社佐々木商事
住 〒018-1515 秋田県南秋田郡井川町小竹花字関合3-7
☎018-855-6170

あきたこまち

井川町の自然の豊かさと清流を活かし、農薬を減らして作られたお米。つや、甘味、もちもち感が調和されていて、米どころ秋田を代表する自慢の味となっている。

農事組合法人 つかまファーム
住 〒018-1514 秋田県南秋田郡井川町
宇治木字前田面181番地
☎018-838-0694

光を
追いかけて

映画 光を追いかけて
Official Guide Book

2021年9月17日発行

発行人	田中朋博
編 集	堀友良平　芝紗也加
撮 影	池田岳史　髙旗弘之(生駒里奈グラビア)
取材・原稿	大須賀あい　浅井ゆかり　中田絢子
装丁・デザイン	向井田創　村田洋子
校 閲	菊澤昇吾
販 売	細谷芳弘
協 力	ソウルボート 「光を追いかけて」製作委員会 あきた美彩館 秋田県観光振興課
発 行	株式会社ザメディアジョン 〒733-0011　広島市西区横川町2-5-15　横川ビルディング TEL 082-503-5035 FAX 082-503-5036
印刷・製本	株式会社シナノパブリッシングプレス

本書の無断複写・複製・転写を禁じます。法律で定められた場合を除き、著作権の侵害となります。造本には十分注意しておりますが、落丁・乱丁本(ページの順序の間違いや抜け落ち)の場合はお取り替えします。購入された書店を明記して、当社「映画 光を追いかけて Official Guide Book係宛」までお送りください。送料は当社負担でお送りいたします。ただし、古書店で購入したものについてはお取り替えできません。※掲載データは2021年9月現在のものです。本誌発売後、変更される場合があります。その場合は、ご了承ください。

ISBN978-4-86250-723-5 C0074　¥1500E
©2021「光を追いかけて」製作委員会・ザメディアジョン　Printed in Japan

レディ加賀

Introduction

歴史ある温泉街を
タップダンスで盛り上げる!?
若女将たちの奮闘に、笑って泣いて
心の芯まで温まる
感動のハートフルムービー誕生！

トップダンサーの夢を諦め、加賀温泉にある実家の旅館で若女将修行をすることになった樋口由香（小芝風花）だが、修行は思ったようにうまくいかず「何をやっても中途半端ね！」と女将である母親の春美（檀れい）に言われる始末。そんななか、加賀温泉を盛り上げるためのプロジェクトが発足し、由香は新米女将たちを集めてタップダンスのイベントを開催することになるが……。